复杂环境下企业财务风险问题研究

李将军　付　涛　梁　睿　齐彦宇　等著

中国财经出版传媒集团
中国财政经济出版社

图书在版编目（CIP）数据

复杂环境下企业财务风险问题研究 / 李将军等著
. --北京：中国财政经济出版社，2023.9
ISBN 978 -7 -5223 -2354 -1

Ⅰ.①复…　Ⅱ.①李…　Ⅲ.①企业管理-财务管理-风险管理-研究-中国　Ⅳ.①F279.23

中国国家版本馆 CIP 数据核字（2023）第 122463 号

责任编辑：庞丽佳　黄　硕　　责任校对：胡永立
封面设计：卜建辰　　责任印制：党　辉

中国财政经济出版社 出版

URL：http：//www.cfeph.cn
E-mail：cfeph@cfemg.cn

社址：北京市海淀区阜成路甲 28 号　邮政编码：100142
营销中心电话：010-88191522
天猫网店：中国财政经济出版社旗舰店
网址：https：//zgczjjcbs.tmall.com
北京财经印刷厂印装　各地新华书店经销
成品尺寸：170mm×240mm　16 开　13 印张　191 000 字
2023 年 9 月第 1 版　2023 年 9 月北京第 1 次印刷
定价：50.00 元
ISBN 978 -7 -5223 -2354 -1
（图书出现印装问题，本社负责调换，电话：010-88190548）
本社质量投诉电话：010-88190744
打击盗版举报热线：010-88191661　QQ：2242791300

前　　言

随着国内外环境的日益复杂，我国企业面临的不确定性越来越大。在新的复杂环境下，企业如何提高自身的抗风险能力，成为一个亟待解决的问题。在国际、国内环境的双重压力下，如何防范风险，保证上市公司的财务安全与健康，就显得尤为重要。建立完善的财务风险防控机制，是应对复杂环境带来的不确定性的保障。

在复杂环境下防范企业财务风险，首先需要识别出企业的财务风险是什么，导致财务风险的原因是什么，然后采取合理的控制手段来规避或分散风险。随着风险管理理论的完善和发展，人们开始逐渐认识到风险管理的重要性，并逐渐把这些理论应用到企业财务风险管理中。然而，从现实中来看，面对复杂的内外环境，目前我国很多企业对财务风险的评估和防范仍然不够理想，需要进一步加强相关的研究。

本书采用深度学习神经网络法、功效系数法、熵值法、Z模型等多种方法，根据相关财务风险指标，基于相关行业上市公司的公开数据，构建企业财务风险的评价研究体系，对企业财务风险管理决策提供支持。该书的成果将充实国内对企业财务风险管理构建模型的研究，丰富相关模型构建的方法。

本书的研究成果可以为相关上市公司的管理者、投资者和债权人等利益相关者提供一定的参考意义：

（1）有助于企业提高自身的财务风险防范能力。通过财务评估和预测，企业管理者可以明确地知道当前企业的财务状况，然后有针对性地采取措施，避免企业陷入财务困境，提高自身的风险防范能力。

（2）有助于投资者和债权人在信贷方面做出合理的决策。投资者和债权人利用风险防范模型可以提前分析企业财务状况，并以此预测企业财务是否存在潜在的困境，从而可以在危机发生前做出合理的决策。

(3) 有利于加强监管。通过对企业财务风险的有效预测，监管部门可以从事后监管转向事前监管，尽早发现上市公司的异常财务状况，并及时实施相应的措施，保证投资人的利益和证券市场的健康稳定运行。

本书的研究成果，亦是落实党的二十大精神必然关注的时代命题。对企业财务风险的预警和防控可以助力相关行业的转型和升级，由依赖进口的发展模式向自主创新和自主研发转变，助力国家突破创新能力、研发能力不足的“卡脖子”难题，为打造制造强国而添砖加瓦。

本书的第一章由李将军、梁睿撰写；第二章由李将军、付涛撰写；第三章由齐彦宇撰写；第四章由邓夺撰写；第五章由刘东昊撰写；第六章由刘昶撰写；第七章由刘安迪撰写；第八章由韩泽乾撰写；第九章由宋泽明撰写。全书由梁睿校对，付涛对财务模型进行检查和验证，李将军在各章节内容撰写的过程中进行了详细指导。

限于作者的知识水平，本书的缺点和疏漏之处在所难免。因此，希望使用本书的同志提出宝贵意见。

目录

contents

第一篇　基础篇

第二篇　行业研究篇

第三篇　企业研究篇

第一篇

基 础 篇

第一章

导　论

第一节　研究背景和研究目的

一、研究背景

在百年未有的大变局背景下，我国企业大多都处在复杂多变的环境中。相较于内部环境，外部环境更加难以预测和把握，诸如公共灾害、经济衰退、市场环境变化等因素都对企业的生产计划、资源分配、战略选择有着重要影响。如果外部环境很不乐观，企业的日常经营很可能会受到影响，导致利润下降，从而引发财务风险。

除了外部环境，内部因素也可能会对企业经营产生重要的影响。自媒体和互联网等新技术的运用，虽然可以为企业扩张提供机遇，但是也可能会给企业带来新的财务风险。数字技术可以非常便捷地扩大企业的销售渠道，让顾客足不出户便能体会到产品的差异化，同时也能节约企业的运营成本。在这个过程中，财务部门也可充分利用计算机和互联网，简化繁杂的人力计算，推动企业的信息化和无纸化办公。

同时，部分企业内部的财务管理不善也是导致财务风险的显著因素。

在复杂环境中，一方面，一些企业中下层管理人员缺乏足够的业务水平，对于生产过程原材料的成本等能否准确记录、能否将运营期间产生的收支费用得以明确记录、如何将利润分配后的资金加以投资，是企业管理人员应当仔细把握的工作要点。另一方面，有的企业高层管理者在计划、投资决策过程中缺乏适当的风险意识，以及与企业所有者、下属员工的良好沟通能力。

在复杂环境背景下，企业管理者应该根据外部政策环境、金融市场状况等因素来合理调整企业发展战略，还应该通过与企业所有者的良好沟通，减少委托代理带来的问题，从企业相关者利益最大化的角度出发，提高投资和销售的预期收益，尽量保证资金的安全，改善财务管理制度，优化收益分配政策，防范财务风险。

为了在复杂环境下防范企业财务风险，首先需要识别出企业的财务风险是什么，导致财务风险的原因是什么，其次采取合理的控制手段来规避或分散风险。随着风险管理理论的完善和发展，虽然人们开始逐渐意识到风险管理的重要性，并逐渐把这些理论应用到企业财务风险管理中，但是从现实中来看，面对复杂的内外环境，目前我国很多企业对财务风险的评估和防范仍然不够理想，需要进一步加强相关的研究。

对处于复杂环境中的我国企业来说，如果能采用合适的方法快速地评估企业财务状况，无疑能够更好地帮助投资者“辨方向”、帮助管理者“明道路”。因此，及时地对企业财务风险进行管理，不仅有助于一个企业的持续健康稳定发展，还能促进我国经济的高质量发展。

二、研究目的

随着我国相关法律法规对上市企业数据披露的要求变得越来越严格，国内有许多数据库将企业年报、中报数据进行规模化的结构化录入，使本书可以基于数据库中质量较高的财务数据对企业财务状况进行分析。

本书主要基于行业和企业两个层次进行研究：

（1）在行业研究篇中，本书基于行业层次的视角，分别以电子信息类上市公司、北京市高端装备制造业上市公司、自动化设备类上市公司为研究对象，结合深度学习神经网络法、功效系数法、熵值法等多种方法，根据相关财务风险指标，基于相关行业上市公司的公开数据，构建企业财务风险的评价研究体系，通过模型的构建，对企业财务风险管理提供理论基础，以期达到的研究目标是：结合相关行业上市公司的财务数据，对其风险原因进行深入的分析，并加以构建新的财务风险预警指标体系，建立一个适合相关行业上市公司的财务预警模型，并对预警结果进行分析，提出相关对策。

（2）在企业研究篇中，本书基于企业层次的视角，分别以S股份有限公司、J集团、X公司、M集团为研究对象，结合功效系数法、熵值法、Z模型等多种方法，根据相关财务风险指标，基于各个企业的公开数据，构建企业财务风险的评价研究体系，对企业财务风险管理提供理论基础，对公司防控财务风险提出对策建议。

本书的研究成果，从短期来看，有助于为相关行业和企业防控财务风险、有效提升企业的技术创新效率提供决策支持；从长期来看，有助于为复杂环境的背景下，提升我国企业的核心竞争力，解决“卡脖子”难题，推动经济高质量发展提供实证支撑。

第二节 结构安排和主要内容

一、研究框架

全书共分9章，由基础篇、行业研究篇、企业研究篇共3篇构成。其中，基础篇包括第1~2章，主要介绍导论和基础性研究；行业研究篇包括第3~5章，主要是从行业视角研究电子信息类上市公司、北京市高端装备制造业上市公司、自动化设备类上市公司的财务风险问题；企业研究篇包括第6~9章，主要是从企业视角研究S股份有限公司、J集团、X公司、M 集团的财务风险问题。

二、主要内容

全书主要内容如下：

第一章：导论。本章介绍了本书研究选题的背景，并明确了具体的研究问题。导论部分还介绍了本书的框架、主要内容及研究方法，总结了本书的贡献。

第二章：相关的基础性研究。本章详细分析了企业财务风险的内涵、特征，以及企业财务风险的评价、预警、控制，并梳理了国内外相关研究现状。之后，介绍了企业财务风险研究的主要方法，包括深度学习神经网络方法、熵值法、功效系数法等内容。

第三章：电子信息行业上市公司财务风险研究。本章从深度学习神经网络和电子信息行业的角度出发来建立有效的财务风险评价模型，解决企业财务风险预测问题。利用深度学习方法，可以从复杂抽象的问题中自动学习出模式特征；对于需要高研发投入的电子信息类行业，及时预测自身财务风险，妥善配置资金结构尤为重要。本章探讨了财务指标的选择和模型的优化，结果表明：神经网络模型通过综合反映营运能力、资本结构和偿债能力的五个财务指标，可以有效地评价企业可能出现的财务风险。

第四章：北京市高端装备制造业上市公司财务风险研究。本章从北京市高端装备制造业的行业角度初步分析了北京市高端装备制造业的外部风险和内部风险，并运用熵值法从盈利能力、偿债能力、营运能力、发展能力四个方面对北京市高端装备制造业上市公司的财务数据和财务指标进行了处理和筛选，构建了科学的财务风险预警模型，再通过功效系数法对风险预警结果进行计算和评价，分析其潜在的风险和成因，并针对潜在的风险给出相应的对策，以实现对上市公司财务风险的控制，并帮助北京市高端装备制造业上市公司走出创新能力不足，自主研发能力不足的困境。

第五章：自动化设备类上市公司财务风险研究。本章一是以自动化设备类上市公司为研究对象，从公司面临的复杂环境入手，通过收集63家自动化设备类上市公司公开的财务数据，从四个方面分析财务状况；二是根据指标的相关性分析结果，选取10项财务指标作为最终的评价指标；三是依托企业绩效考核评价标准为财务风险评价体系划分等级值；四是用功效系数法构建财务风险评价体系。本章对自动化设备类企业的财务风险评估和分析模型，可以较为准确地体现自动化设备类公司的财务状况，能够为该行业上市公司提供决策参考。

第六章：S股份有限公司财务风险研究。本章选取国内钢铁行业的S股份有限公司作为研究对象。针对钢铁行业的特点，本章增加选取了财务风险预警指标。为了使计算结果更加精确，更加灵敏，本章对功效系数法进行了改良：由原来的两档标准值，增加到了五档。利用熵值法对指标的熵值和权重进行计算，这样大大增强了财务风险预警模型的精确性和可靠性。进一步，根据模型计算得出的结果，结合该公司的实际情况，对公司防范财务风险提出建议。

第七章：J集团财务风险评价研究。本章从J集团的投资风险、筹资风险、营运资金风险和收益分配风险入手，分析J集团财务风险问题。通过选取财务指标，运用因子分析法建立财务风险评价体系，根据评价结果分析公司的财务风险，并根据评价的结果设计相关的控制方案，有助于公司的财务风险评价和防范。

第八章：X公司财务风险预警研究。本章选取通信设备制造业企业X公司为研究对象，从X公司面临的复杂环境入手，根据X公司的财务数据从偿债、盈利、营运、发展四个方面分析X公司的财务风险，然后为X公司建立财务风险评价体系。根据指标的相关性选取了10项指标作为评价指标，然后为财务风险评价体系划分预警值，将传统功效系数法优化后，再用功效系数法计算出指标的数值，并与预警值进行对比，构建财务风险预警体系，对X公司的财务风险进行评估，帮助X公司高质量发展，也可以为通信设备制造业其他企业提供决策参考。

第九章：M集团财务风险预警研究。本章以国内最典型的家电类上市公司M集团为例，通过熵值法和功效系数法构建了家用电器类上市公司财务风险预警模型，并应用模型分析了 M 集团的财务风险状况。结果证明，疫情对家电类上市公司产生负面影响。而作为中国家电类上市公司的领头羊——M 集团总体的财务状况和财务风险预警评价指标表现较为良好。但是，一些财务问题还需要重点关注。例如，资产负债率长期高于行业平均水平；流动资产周转率、主营业务增长率等指标的财务风险预警等级较高。

第三节　研究方法和主要贡献

一、主要研究方法

（一）案例研究法

案例研究法是本书的主要研究方法之一。首先，在行业研究篇中，本书分析了典型行业上市公司财务风险问题，并建立了风险研究模型。其次，在企业研究篇中，本书对典型企业的相关财务风险指标进行了研究，并构建了风险研究模型。最后，在对企业财务风险问题进行实证分析的基础上，本书提出了相应的对策建议。

（二）定性分析法

定性分析以研究者的主观分析和判断为基础，包括标准化调查、四阶段症状分析、流程图分析等。在选择典型行业和典型企业案例的过程中，本书研究者通过专业人士、行业协会等对备选公司的问题进行详细的调查、分析，为确定相关案例提供依据。

（三）定量分析法

定量研究是基于以往较为全面的统计资料和相关数据，运用某种数学模型或数理统计方法对各类资料和数据进行科学的处理。在风险预警的定量研究中，有单一因素预警模型、多变量预警模型等。在研究过程中，本书运用了熵值法对所选取的财务指标的熵值和权重进行了计算，并根据各财务指标的权重以及信息效用值完成了对财务预警体系指标的筛选工作。本书还采用功效系数法，对各个财务指标的综合得分进行计算得到了财务预警结果，并基于此针对性地提出了对策建议。

二、理论价值和实践价值

（一）理论价值

本书采用深度学习神经网络法、功效系数法、熵值法、Z 模型等多种方法，根据相关财务风险指标，基于相关行业上市公司的公开数据，构建企业财务风险的研究评价体系，对企业财务风险管理决策提供支持。该书的成果将充实国内对企业财务风险管理模型构建的研究，丰富相关模型构建的方法及相关财务指标选取方法。本书的研究成果还能够对相关上市公司的管理层提供一定的风险防范的理论指导。

（二）实践价值

本书的研究成果可以为相关上市公司的管理者、投资者和债权人等利益相关者提供一定的参考意义：（1）有助于企业提高自身的财务风险防范能力。通过财务评估和预测，企业管理者可以明确地知道当前企业的财务状况，然后有针对性地采取措施，避免企业出现财务困境，提高自身的风险防范能力。(2) 有助于投资者和债权人在信贷方面作出合理的决策。投资者和债权人利用风险防范模型可以提前分析企业财务状况，并以此预测企业财务是否存在潜在的困境，从而可以在危机发生前做出合理的决策。(3) 有利于加强监管。通过对企业财务风险的有效预测，监管部门可以从事后监管转向事前监管，尽早发现上市公司的异常财务状况，并及时实施相应的措施，保证投资人的利益和证券市场的健康稳定运行。

第二章

相关的基础性研究

第一节 企业财务风险的相关研究

一、企业财务风险的内涵及特征

（一）财务风险的内涵

风险（risk）定义为不确定性的一种，但是不确定状态服从某种概率分布，某一特定危险情况发生的可能性和后果的组合。现代社会引用风险一词已经不单纯是最初的遇到风浪危险的意思，更指的是“遇到破坏或损失的机会或危险”。随着人类社会活动越来越复杂，风险被赋予了内容更丰富，范围更宽泛的含义。无论怎样演变，风险都有一个核心的定义，即未来发生结果的不确定性。只要人们利用智慧，运用科学的管理手段和技术，就能将未来的不确定性降到最低，将损失降到最低。

财务（finance）是指国民经济各部门、各单位在物质资料再生产过程中客观存在的资金运动及资金运动过程中所体现的一系列经济关系。财务风险（financial Risk）是指融资不当、资本结构不合理和财务状况不佳可能导致利益相关者破产或损失的风险。财务风险是任何企业在财务管理过程中都必须面对的客观现实问题。财务风险是无法消除的，只能采取合理的措施，尽可能地降低它。

在复杂环境下，企业财务风险指企业在财务活动过程中，对于复杂多变的外部环境和内部环境带来的不确定性因素难以预测和及时控制，导致财务状况存在一定的不确定性，可能影响企业的正常运营。企业财务风险具有客观性，在数据上可由公司年报、中报里营运资本/总资产、总资产周转率、净资产收益率（ROE）、资产负债率等指标综合体现，在账目上表现为公司亏损等。

一般来说，财务风险是由于企业使用了负债而给普通股东所增加的风险，财务风险产生的基本原因即是企业在生产经营过程中运用负债，使用负债越多，财务风险越大；不使用负债，则没有财务风险。也有学者认为财务风险指企业在进行财务活动的过程中获得预期财务成果的不确定性，所以，财务风险对于每一个企业来说都是客观存在的，且对于企业的盈亏与否、经营状况如何具有举足轻重的作用，要完全消除风险及其影响是不现实的。

从企业资本周转全过程的角度来考虑，可以将财务风险划分为筹资、投资、营运和收益分配风险，具体分析如下：

（1）筹资风险。在企业生产经营的过程中，筹资活动为企业注入资金。筹资活动的科学性会对企业的筹资风险产生影响。外部环境的复杂变化，加大了制定筹资策略的难度，从而提高了发生筹资风险的可能性。企业在贷款时，需要根据债权人的要求合理地把控还款时间并且关注利息率的变化，企业一旦无法按时还款，就会产生信用危机。

（2）投资风险。投资风险是指在投资活动中可能遭受收益损失甚至本金损失的风险。投资是一个不明确的活动，无法保证后期能否产生收益，存在很大的风险。对于房地产行业来说，在前期拿地投资时，一方面需要向政府支付保证金来进行竞标；另一方面企业在拿到地后需要支付高额的资金去投资，很容易造成资金链的紧张。

（3）营运风险。营运风险是一系列经营活动造成的风险，主要包括营运环节、销售环节及收款环节等。营运环节最后的结果就是用钱和物品完成交换，销售环节是商品到资金的转换，收款环节是货币资金的最后实现，这一过程中如果出现资金减少或者时间上的延期，就容易引起营运风险。

（4）收益分配风险。如果企业资金方面出现紧缺，依然进行收益分配的话，会降低未来的偿债能力，进而影响到企业未来的生产经营。如果对投资者不进行收益分配，则会降低他们投资的积极性，不利于企业未来的发展。

（二）财务风险的成因、特征

1. 财务风险的成因

（1）盈利结构不够多元，抵御风险的能力较弱。

部分企业财务部门采取的投资策略决策单一，目的是想获取较高的投资回报，却忘了分担风险。但是，正如“把鸡蛋放在同一个篮子里”，一旦风险出现，不仅对未来难以预测和把握，投资的决策失误又很可能会使企业的日常经营受到影响，进而降低企业的盈利能力，导致财务风险的发生。

（2）净资本规模较小，融资渠道狭窄。

由于外部环境的复杂多变，一些企业的融资难问题始终存在，影响了企业资本规模的扩大。特别对科技类企业来说，由于需要较高的研发费用，如果没有较高的资本规模，就没有先进的设备作为支撑，会在很大程度上限制其研发业务的开展，影响盈利能力。

（3）财务管理制度不适应。

在复杂环境下，企业高层管理者在管理过程中如果不能建立适应性较强的柔性管理制度，不同层级和部门间人员工作过于刻板，就会影响企业的收入，削弱企业的竞争力，进而长期影响企业的财务状况，导致财务风险的发生。

（4）财务人员风险意识淡薄。

在复杂环境下，企业财务人员应该具备足够的风险意识，定期选取多种有效方法根据企业财务指标进行定性和定量分析，对不理想结果要加以重视，及时与管理人员沟通，找出问题所在，减少风险出现的可能性。从目前的企业来看，实际情况并不乐观。

2. 财务风险的特征

（1）客观性。在复杂环境下，企业财务风险客观存在，不因人的主观意志而转移。企业财务活动像企业其他运营活动一样，包括两种结果，即达成目标和未达成目标。所以，这也就意味着企业财务未达成目标的风险客观存在。

（2）全面性。在复杂环境下，企业财务风险存在于企业财务的各个过程，并体现在诸如企业盈利、偿债、筹资等各种财务活动上。

（3）不确定性。在复杂环境下，企业财务风险虽然可以事前加以估计和控制，但由于影响财务活动的各种因素不断发生变化，事前准确地估计财务风险的不确定性大大提高。

（4）风险与收益共存的辩证性。在复杂环境下，如果企业能够对财务风险进行适当的管控，将大大有助于提高企业的收益，比如在财务投资上选择高回报率的理财方式，一般会伴随着较高的财务风险。

二、企业财务风险的评价、预警及控制

（一）企业财务风险评价

企业财务风险评价是通过对企业的财务大数据进行整理归类，筛选出相关指标，构建财务风险模型来分析企业财务风险的大小，据此提出防控对策，减少企业经济损失。企业财务风险评价方法主要有定性分析法和定量分析法。

运用定性分析法对企业财务风险进行预测的时候，在很大程度上与预测人员的主观判断以及经验有关。在复杂环境下，在作出判断的时候，预测人员会依据企业目前的状况以及环境状况，应用座谈会、专家咨询、小

组讨论等方式，得出最后的结果。定性分析法得出的结果具有主观性，在相关数据以及信息运用方面也不够完整。

运用定量分析法对企业财务风险进行预测的时候，会依照财务报告中的数据构建模型，根据财务指标对相关风险进行预测和判断，因子分析法、多元线性判别法等都是常用的定量分析方法。

（二）企业财务风险预警

在复杂环境下，企业财务风险是客观存在的，这主要是由于企业受环境的多变性、决策者能力的有限性等因素的影响。企业若能够有效预防并降低财务风险，就会减少大量的额外损失，进一步推动企业的发展。因此，对于企业财务风险的研究具有重要意义。财务风险预警是指在合理科学的计算方法的基础上，通过搜集大量的财务数据进行测算，以此来判断企业所面临的财务风险。或者说，财务风险预警是指根据公司报表数据、投资经营决策信息和其他相关财务信息设定预警指标，并采用比例分析、数学建模等方法对这些指标进行统计、计算、分析和监控，发现并提醒管理者注意公司经营管理中可能存在的财务风险。

企业进行财务风险预警分析时，主要有以下方法：

1. 定性分析法

这种方法指的是企业财务工作者根据自身经验，判断各个风险的成因，从而预估以后的运营环节中所面临的风险。这种方法主观性较强，结果容易不准确。定性分析方法主要包括专家调查法和“四阶段症状”分析法。其中，专家调查法是指根据企业所面临的内外部环境，组织具有专业知识和经验的各方面专家，对企业的过去、现状进行全面的分析和调查，分析企业的发展动向、变化，并对其未来的发展趋势作出预测。尽管专家调查法是较为常用的方法，但是由于这种方法的成本很高，因此大多数企业只使用其中的标准化调查的研究方法。“四阶段症状”分析法的主要依据是在企业财务运作的不同阶段，会出现状态不佳、财务危机等具体症状和特征。根据企业财务运行的不同阶段，财务危机可分为四个阶段：财务危机潜伏期、财务危机发病期、财务危机恶化期、财务危机实现期。如果企业出现相关情况，必须尽快查明原因，并采取有效的措施，恢复正常的财务运作。

2. 定量分析法

根据企业的财务数据，根据各种预警方法对企业面临的财务风险进行分析，并把数据变化通过不同的研究方法得到可以量化的对比结果，最终根据这一结果对公司可能存在的财务风险进行预测。定量预警分析主要包括单变量模型和多变量模型两种方法。美国学者的研究为单变量财务预警模型奠定了基础，其构建的单变量预警模型对于企业财务风险的预警具有重大的理论和现实意义。多变量模型是一种评估商业风险的综合方法。在预测公司是否会面临经营失败时，多个财务比率被同时输入模型，并使用模型计算结果。

3. 定性与定量结合预警分析法

定性和定量分析相结合的方法主要有两种："A 记分"法和模糊综合评价模型。"A 记分"法主要对企业风险有关的指标进行赋值，然后通过加总等方式来获得企业当前的风险水平。在"A 记分"法的基础上不断有学者进行改进，出现了熵值法和功效系数法相结合的定性与定量结合的分析方法。熵值法和功效系数法也是本章所选择的主要方法。另外，在复杂环境下，受到各种内部和外部环境因素的影响，企业财务运作具有不确定性和模糊性，因此，模糊综合评价分析的方法可用于企业财务预警，这种方法注重的是总体的、概括性的结果。

（三）企业财务风险控制

财务风险控制就是在识别以及评价出企业所面临的财务风险之后，选择更加有利于企业管控财务风险的方案，调节财务活动，降低企业的损失。对于企业来说，高风险有可能带来高收益，可是带来的损失也是不可估量的。在复杂环境下，财务风险具有一定的客观性，无法从根本上彻底消除，只能通过一系列措施进行控制。为了更加有效地规避财务风险，企业应该对风险预警体系进行完善，以进一步提高对财务风险的控制水平。

三、国内外相关研究现状

（一）国外研究综述

国外对财务风险管理相关研究主要集中在通过构建模型得到可度量化的企业财务风险指标，识别和管理财务风险，最后对结果进行评价，据此提出防控措施。

宾夕法尼亚大学学者所罗门·施布纳（Solomon Schbner，1930）最早在美国管理协会的第一次保险问题会议中提出“风险管理”的概念。在经济大萧条时期，美国许多企业面临着前所未有的风险，而财务风险作为企业风险里重要的组成部分之一，如何分析识别出企业自身的财务风险，并找出其产生的原因，进而采取行之有效的控制方法将这些风险分散或规避，是企业进行财务风险管理的重要内容。菲茨帕特里克（Fitzpatrick，1932）在早期进行了企业财务危机预警的实证研究。该学者通过分析十几家公司的财务数据，来确定哪些财务要素能较好地预测公司的破产风险。通过充分的研究，该学者认为资本收益率、债权股权比率两个指标的预测能力较强。

比弗（Beaver，1966）在论文“Financial Ratios as Predictors of Failure”中创造性地运用统计学方法，提出了单变量分析模型。该学者从20世纪60年代的79家破产企业、79家非破产企业的数据出发，以此为样本，进行了统计分析。对反映企业不同财务特征的30个变量，该学者分别检验了它们在公司破产1~5年的预测能力，得出最显著的判别变量是净利润/总资产、营运资本/流动负债。阿尔特曼（Altman，1968）首次采用多变量分析法对企业财务危机进行判别。该学者通过计算企业连续多年的Z值，借助Z值判断该企业是否濒临破产。从流动性、获利能力、偿债能力、财务杠杆、活动性方面选用了22个变量作为预测备选变量，通过分析1946~1965年申请破产保护的33家企业和另外33家正常经营企业的数据，根据误判率最小的原则，最终确定将销售收入/资产总额、股本权益市场价值/总负债账面价值、息税前利润/资产总额、营运资本/资产总额、留存收益/资产总额5个变量作为判别变量，构建了Z-Score模型。在Altman的模型里，Z值越低的企业破产的可能性越大。

奥尔森（Ohlson，1980）基于100多家破产公司和2000多家非破产公司的数据，运用Logistic方法建立了预测模型，并分析了分割点的选择和两类误判率之间的关系，发现至少存在四类显著影响公司破产概率的变量，即业绩、公司规模、当前的变现能力、资本结构。此后Logistic回归分析开始在财务危机预测研究领域占据主流地位。奥多姆和沙尔达（Odom and Sharda，1990）采用类神经网络构建了企业破产预测模型，通过将20世纪80年代正常经营的企业和失败企业配对，并将样本区分为开发样本与估计样本，将阿尔特曼的Z-Score模型所使用的5个财务指标作为研究变量，使用类神经网络构建模型进行分析。研究发现，开发样本的判别正确率高达100%，对估计样本失败类企业与正常企业的预测正确率分别为81.75%和78.18%，显示类神经网络具有较佳的预测能力。进一步，塔姆（Tam，1991）通过构建人工神经网络模型，借助神经网络进行了财务预警研究。丹妮拉和卡佳（Daniela and Kaja，2005）在研究中应用极端价值理论来评估三种货币危机指标与通常用于预测危机的18个经济指标之间的尾部依赖性。在极限中，经济指标的极端值不会跟随严重的货币崩溃。其研究结果很好地解释了现有货币危机预警系统表现不佳的原因。

对于财务风险的成因，让·赫尔维格（Jean Helwege，2010）研究表明，信息因素和相关者因素会导致财务风险的发生；杰里米·摩尔（Jeremy Moore，2013）对政策导向和财务风险的关系进行了研究。哈斯纳因·卡兹米（Hasnain Kazmi，2016）认为，行为的偏差会导致非理性的决策，并认为这种非理性的决策会导致财务风险。阿尔诺尔·比马尼和姆托利·纽贝（Alnoor Bhimani and Mtholi Neube，2017）认为，应全面分析识别风险，将其与公司所处的特定时期联系起来，企业在经济活动中的净现金流量可以作为衡量风险的指标。莫妮卡和米歇尔（Monica and Michele，2021）在对欧洲银行风险预警体系的构建中，创造性地利用熵值去构建银行危机预警指标，分析了银行风险方面的预测能力，并构建了一个新的预警模型。

（二）国内研究综述

与国外相比，我国学者对财务风险的研究开始较晚。借鉴国外风险理论，郭仲伟（1987）尝试了对财务风险进行定性与定量相结合的研究。刘恩禄和汤谷良（1989）全面阐述了财务风险的定义、特性及财务风险的应用方法。

在财务风险预警方面，由于我国社会主义市场经济体制的建立时间不长，1996 年以后，我国才陆续出现以企业财务数据为基础建立的财务预警模型。周守华等（1996）通过增添现金流量变动情况等相关要素，优化了 Z 分数模型。基于同行业同时间范围内规模相近的 31 家破产公司、31 家非破产公司，该学者建立了 F 分数模型，并以康普斯塔特会计资料库（ComPustat PC Plus）中 1990 年以来的 4160 家公司数据作为样本，测试出其 F 模型准确率近 70%。陈静（1999）通过单变量分析了 27 家 ST（Special Treatment）和非 ST 公司 1995 ~ 1997 年的财务报表数据，发现在资产负债率、总资产收益率、流动比率、净资产收益率 4 个财务比率中，流动比率和资产负债率在宣布 ST 前一年的判断准确率较高。在建立的多元线性判别分析中，该学者以资产负债率、净资产收益率、营运资本/总资产、总资产周转率、总资产收益率、流动比率 6 个指标构建了判别函数，得出其模型在上市公司发生财务困难前 1 ~ 3 年判定正确率分别为 92.6%、85.2% 及 79.6%。

张玲（2000）以深沪两市 14 个行业 120 家上市公司为样本，从资本结构状况、盈利能力、营运状况、偿债能力的 15 个相关财务比率中筛选出资产负债比率、总资产利润率、留存收益与资产总额的比率、营运资金与总资产比率 4 个要素，构建判别模型。研究结果显示，模型对 30 家 ST 公司前 1 ~ 5 年的判断准确率分别为 100%、87%、70%、60% 和 22%。周娟和王丽娟（2005）在预警模型中使用了 13 个指标，其中多达 7 个是现金流量指标。2006 年，王克敏、姬美光将投资者保护、公司治理等非财务指标作为变量，对我国上市公司的财务风险进行了全面的分析，并将财务类指标作为预测变量，对其进行了实证分析。徐文学、杨旭强（2010）选择了速动比率、杠杆比率和现金流量负债率、成本利润率、净资产收益率、主营业务利润率、盈余现金担保倍数、主营利润增长率、净利润增长率和股东权益增长率，以及总资产周转率、存货周转率和流动资产周转率。曹彤（2014）在对上市公司的财务风险预警研究中选择了能够反映盈利能力、偿债能力、营运能力、发展能力和现金流动能力的财务指标共21个，同时选取了包括经营净现金比率、综合杠杆系数、股权集中度、独立董事比例四个非财务指标来搭建财务风险预警体系。

近几年来，汪洋（2018）从盈利能力、运营能力、偿债能力等方面分别选取了销售利润率、资产报酬率、固定资产周转率、流动比率、速动比率等指标，通过案例分析企业财务风险状况，并得出所分析企业在资产负债率等指标上仍存在风险隐患，有助于企业及时防范和控制财务风险。吴春立（2019）从资产负债率、营业收入增长率、存货周转率等方面评价企业的偿债能力、盈利能力，进而得出财务指标的Logit违约风险评价模型，总体预测误差率为20%。杨阳（2020）借助总资产负债率、营业利润率、速动比率、资产周转率等14个财务指标，通过因子分析法，在选定公司和行业中进行检验评价，结果与实际情况基本相符。左媛媛（2021）选取了投资活动、筹资活动、经营活动、利润分配4个活动中的共16个财务指标进行了财务预警体系的建立。王倩倩（2021）选取了净资产收益率和成本费用率分析盈利能力，选取资产负债率和速动比率分析偿债能力，而营运能力方面，则将应收账款周转率以及总资产周转率作为财务预警指标实际值，发展能力方面，选择营业收入增长率和总资产增长率作为指标实际值进行计算。

综上所述，国内外不同学者在财务风险评价研究上，运用单变量分析、Logistics回归分析等方法，以选定的变量构建模型，在财务危机预测、风险评价领域取得了丰富的成果。总结现有文献可以发现，企业财务风险问题的研究主要存在以下三个不足：

（1）多种指标在使用中的比重不一致。

从2004年开始，学者们对现金流和非财务指标的研究越来越多。与传统的会计指标比较，公司的现金流指标、非财务指标在总量和规模上都很小，没有充分发挥其引导功能。很多学者只采用一种指标来进行分析。他们只会单边地挑选一种指标，而很少把多种指标结合在一起。

（2）非财务和现金流指标发展不成熟，不完善。

非财务指标和现金流量指标是近几年才出现的一种新的评价方法，目前还没有一个系统的标准来对其进行命名。由于其复杂性，使得研究难度增大，同时也使指标的数目变得不确定，从而使以后的研究者难以进行相关的研究。

（3）关于指标选取的理论基础缺乏科学完整的研究。

在当前的学术研究中，对于预警指标的选择缺乏统一、完整、科学，且能够被普遍接受的理论基础，许多学者只根据一般金融风险理论来选取指标，导致了预警系统的建立不够科学。

对财务风险预警指标体系今后的发展趋势进行以下展望：公司的现金流指标将逐渐规范化，非财务指标的结构会更清楚，定量也会更科学；建立清晰的筛选标准，以保证相关方法在实际应用中的精确性；要使预警模型更加科学化和规范化，才能让科研工作更好地应用于实际。

在复杂环境下，本书需要结合行业和企业的特点，构建更加高效的财务风险评价模型，从而为企业财务风险防范和控制提供参考。

第二节　财务风险的研究方法

目前，随着数学、统计学等相关应用技术的发展和电子信息的普及，国内外学者在分析和评价财务风险的方法上，出现了多样性。从国外来看，有些学者使用单一指标进行研究，并以数十家公司为样本对财务风险进行详细研究；有些学者利用大数据方法对财务风险进行量化评估，构建可以实时监控并能够及时反馈的信息系统；有些学者从异构信息和历史数据的角度构建企业财务风险评估模型。从国内来看，学者们使用了多种计量方法来研究企业财务风险的影响因素，这些方法包括回归分析、主成分分析、Z－score 法、神经网络方法等。

一、深度学习神经网络方法

（一）深度学习神经网络含义

神经网络中最基本的成分是神经元模型。在生物神经网络中，每个神经元与其他神经元相连。在神经元的工作过程中，当它传导兴奋时，如果某神经元的电位超过了一个阈值，那么它就被激活，向其他神经元发送化学物质。

麦库洛赫（McCulloch，1943）将上述模型抽象为 M－P 神经元模型（如图 2－1 所示）。在这个模型中，神经元接收到来自其他神经元传递过来的信号后，将输入值求和与神经元的阈值作差，然后通过激活函数（可以提高模型的非线性表达能力）处理产生神经元的输出。

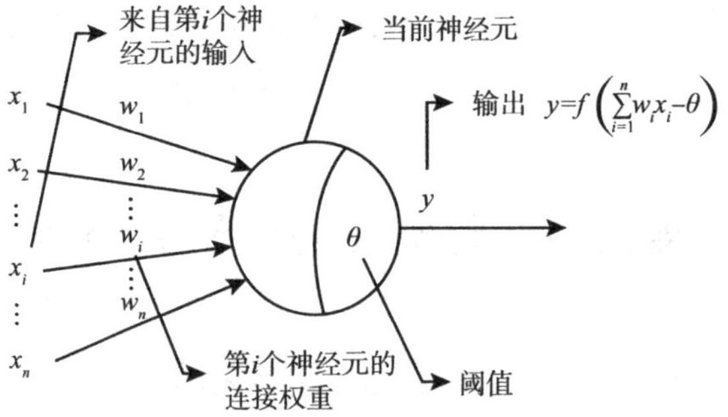

图 2－1　M－P 神经元模型①

将多个这样的神经元按一定的层次结构连接起来，就得到了神经网络（如图 2－2 所示）。

① 周志华. 机器学习［M］. 北京：清华大学出版社，2020：97.

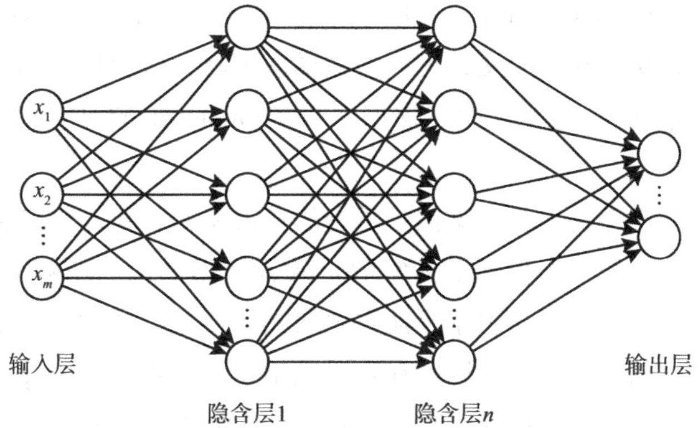

图 2－2　M－P 神经元模型

（二）深度学习神经网络构建流程

（1）构建数据存储用到的数据结构：将数据库或电子数据表单中的数据按行（记录）存到计算机方便处理的数据结构中。

（2）构造神经网络基本结构：横向上，一般指每层具有的神经元个数；纵向上，指网络模型具备的层数。通常而言，层数越深、神经元数量增加，模型非线性表达能力可以增强。在神经元增加数量相近时，增加模型的网络层数可以更好地提高模型的学习能力，即增加隐层的数目比增加隐层神经元的数目更有效。因为增加隐层数不仅增加了拥有激活函数的神经元数目，还增加了激活函数嵌套的层数。

（3）全连接层（fully connected layers，FC）在整个卷积神经网络中起到"分类器"的作用，起到将学到的"分布式特征表示"映射到样本标记空间的作用。

（4）代价函数（Cost Function）的选择：对所有样本误差（损失函数值）和的平均，作用于整个训练集。

（5）优化器的选择：优化器通过一定的优化方法来试图寻找模型的最优解。

梯度下降法是一种基础的优化器，主要分为 3 种具体的方法：标准梯度下降法（standard gradient descent，SGD）、随机梯度下降法（stochastic gradient descent，SGD）和批量梯度下降法（batch gradient descent，BGD）。

动量优化法，顾名思义，可以加速梯度下降，包含标准动量优化方法（Momentum）、内斯特罗夫加速梯度（nesterov accelerated gradient，NAG）动量优化方法等。

自适应学习率优化算法聚焦于模型的学习率。相比之下，在传统的优化算法中，有时将学习率固定为常数，或者根据学习的轮数（epoch）改变学习率，没有考虑到学习率可能发生的其他变化。实际上，模型的性能会受到学习率的显著影响，因此在自适应学习率优化算法中提出多种方法来及时调整学习率，加快训练速度，如 RMSProp、Adam、AdaGrad 算法等。

（6）整个构建过程中，要注意过拟合问题：本书希望构建的模型能够在验证集，即新的样本上使用，能够有较高的准确率。为了达到这个目的，应该从训练样本中尽可能学出适用于所有潜在样本的普遍规律，而非只是在训练集上具备高准确率的特殊规律，这样才能在遇到新样本时做出正确的判别。当模型把训练样本学得过好的时候，很可能已经把训练样本自身的一些局部特点当作了所有潜在样本都会具有的一般性质。这样就会导致模型泛化性能下降，这种现象在机器学习中称为过拟合。

（三）深度学习神经网络方法在财务风险评估中的应用

随着神经网络技术的发展和跨学科研究的加深，势必会有更好的机器学习算法可以应用于企业财务的风险评估，促进工业界和深度学习领域的融合发展。本书在第三章中从“分类”的角度阐释所采用的深度学习神经网络方法在财务风险评估中的应用。

在第三章中，本书以多维度要素影响下企业是否出现财务风险状况为基础，在训练数据中将 0 表示今后半年内“未出现财务风险”，1 表示今后半年内“出现财务风险”。以 2019 年 4 月 10 日 A 企业出现财务风险为例，从公司的年报和中报中可获知 2018 年 12 月企业财务相应指标的情况，提取出本书确定的与财务风险预测密切相关的指标，建立起“多维指标－‘1’”这样一条数据记录。

将以上多维指标的具体值为训练数据，“1”为训练标签，总体上以等量的“不出现财务风险”和“出现财务风险”作为训练样本，保证训练样本的均衡性。

训练并检验完成后，该神经网络模型在第三章财务风险评估中的应用是：可以由电子信息类公司最近的财务指标预判公司半年内出现财务风险的可能性，为公司计划调整和风险防范提供决策基础。

二、熵值法

（一）熵值法含义

熵值法（也称为熵权法）是一种被应用在多指标综合评价中的客观赋权法。相比主观赋权法来说，熵值法依据客观数据本身的差异来确定权重，更具有客观性，因此常被用于企业财务风险预警中与功效分析法相结合。

熵值法的原理如下：如果有 m 个待评价的项目和 n 个评价指标，则形成指标数据矩阵 $X=(x_{ij})m\times n$。对于一个给定的指标 x_j，指标值之间的差异 x_{ij}越大，该指标在整体评价中的作用就越大。如果所有的指标值都相同，则该指标在整体评价中无效。在信息论中，信息熵是对系统中无序程度的衡量，而信息是对有序程度的衡量。信息熵和信息在绝对值上相等，在符号上相反。一个指标的数值变化越大，信息熵就越小，指标提供的信息就越多，指标的权重就越大；反之，一个指标的数值变化越小，信息熵就越大，指标提供的信息就越少，指标的权重也越小。因此，根据每个指标值的变化程度，信息熵可以作为计算每个指标权重的工具，同时也可作为多个指标综合评价的依据。熵是信息理论中的度量不确定性的指标，利用熵可以判断出指数的分布。随着信息数量的增加，不确定性降低，熵值降低。信息的数量减少，增加了不确定性，熵就越大。熵值的规律如表 2－1 所示。

表 2－1　　　　　　　　熵值规律表

熵大	越不确定	信息量小	影响小	权重小
熵小	越确定	信息量大	影响大	权重大

（二）熵值法操作流程

第一步，数据预处理。因为选取的财务指标的单位（量纲）不同会造成不同的财务指标数值有大数值也有小数值，直接使用原始指标计算会影响计算结果的精准性。因此，在进行熵值法分析之前需要对数据进行预处理，以消除计量单位对计算结果的影响。

第二步，运用 SPSSAU 算法软件对数据进行熵值法综合分析。

三、功效系数法

（一）功效系数法的含义

哈灵顿（E. C. Harrington）教授在 1965 年首先提出了功效系数法。功效系数法也被称为功效函数法，该方法在多目标规划原理的基础上，采用多目标规划法，对各个评价指标进行评估，得出满足度和不容许值。在此基础上，采用加权平均法，对各评价指标进行评价。

改进后的功效系数法仍建立在多目标规划的基础上。具体步骤为：首先，设定各指标的多类别标准值（优、良、中、差、较差）；其次，计算各指标接近、达到或超过标准值的程度，即功效系数，并与各指标的权重相结合，用功效函数将其转换成可衡量的评分；最后，将各指标的各项评分进行汇总，得到一个综合评分。

（二）功效系数法的操作流程

功效系数法的程序为：①构建用于评价的指标体系；②对所选取的财务评价指标无单位（量纲）指数化的处理；③建立综合评价指标的合成模型；④计算各个个体的综合评价指数值。

具体操作为：第一，设置五档标准值。各项指标的评价档次分别为优（A）、良（B）、中（C）、低（D）、差（E）五档。第二，对应五档标准值赋予五个标准系数：1、0.8、0.6、0.4、0.2。第三，按以下方法对每个指标计分：①上档基础分 = 指标权数 × 上档标准系数；②本档基础分 = 指标权数 × 本档标准系数；③调整分 =（实际值 - 本档标准值）/（上档标准值 - 本档标准值）×（上档基础分 - 本档基础分）；④单项指标得分 = 本档基础分 + 调整分。第四，总得分 = $\sum$ 单项指标得分。

（三）功效系数法在财务风险预警中的应用

1. 功效系数法在财务风险预警中的优点

第一，功效系数法在选取目标时采用多目标原则。功效系数法综合考虑相关因素，根据企业的自身情况选取多个目标进行分析，能够从多角度反映出企业的财务情况。同时，功效系数法有单项指标评分值和综合评分值，从两个维度显示出企业的风险所在。

第二，功效系数法简单易懂，便于操作。功效系数法所需的数据绝大部分都可以从企业的财务报表中获取，且计算简单，通过制定公式就可以完成计算，大量节省人力物力，具有很强的操作性。

第三，功效系数法在计算时对于不同的指标采取不同的标准值。功效系数法避免了由于标准值单一而引起的结果不准确等问题。通过有针对性的多标准值的建立，极大地提高了财务风险预警模型的灵活性与选择空间，从而提高预警结果的准确性。

2. 功效系数法在财务风险预警中的缺点

第一，基础分与调整分的比重固定。在功效系数法中，基础分与调整分的比例为60∶40，但在实际操作的过程中，每个指标都有自己的特点，如果固定使用60与40，会在一定程度上影响预警评估结果。

第二，满意值与不允许值划分简单。传统的功效系数法只设置了满意值和不允许值这两个标准，且二者之间差距太大，使得在实际应用的过程中不能保证最终预警结果的灵敏度和准确性。

第二篇

行业研究篇

从行业层面来看，在复杂环境中，由于受到内、外部环境因素的影响，整个行业上市公司的财务状况都呈现出一定程度的共同变化特征。因此，从行业的视角来研究整个行业上市公司的财务特征，进而提出相关的对策建议，可以为整个行业提供决策参考。

第三章

电子信息行业上市公司财务风险研究

在百年大变局的背景下，电子信息行业的技术进步，对于我国解决“卡脖子”问题至关重要。随着社会科技的进步和基础研究的加深，电子信息类行业的发展日新月异，不同企业之间的竞争异常激烈，企业都想在该领域获得自身独特的竞争优势。电子信息类企业属于资金密集型企业，研发投入大，资金回收相对更为复杂，其财务指标的选取和评价也和其他行业存在一些差异。

第一节　电子信息行业面临的环境及财务状况

一、电子信息行业面临的复杂环境

（一）所处的外部环境

企业处于复杂的外部环境中，如经济无规律波动、突发事件等，企业自身不仅难以预测和把握，还会对企业的生产计划和管理方式产生重要影响。如果外部环境不容乐观，企业的日常经营很可能会受到影响，导致利润下降，进而可能面临财务风险。

(二) 行业内部特征及与其他行业的区别

在推进当代经济和科技的发展过程中，电子信息类产业的进步发挥了显著的作用。其关键技术，如硬件上纳米级别的芯片和软件上底层大规模系统，一般有较高的开发难度，然而一旦开发成功，却可以收获较高的经济效益和社会效益。

电子信息类行业偏重于服务型，企业内部管理大多具有网络化、多元化特点，其用于计算机及互联网设备、电子元器件等的资本较高，占比显著，而电信类行业又具有快速、日新月异发展的特征，需要充足的资金支撑设备的更新，以此保障研发人员开发工作的效率。

相较于其他行业，电子信息行业部分企业的资金周转率高，如通讯类公司，而生产电子元器件的公司，也具有资金回收任务重的特点。这就需要企业的生产、研发、营销各个部门的有效协调和高层管理者的积极监督，将研发出的升级换代的产品经过测试及时投放到目标市场，并获得目标受众的青睐以突出自身企业电子信息类产品的差异特征。

同时，电子信息类企业单位产品的营业收入和投资收益相较于其他类型企业更高。企业资产周转速度显著影响企业的盈利能力，该行业内的运营能力主要体现在电子、软件产品的“分析、开发、设计、生产、库存、销售”等环节的控制方面，对于各环节的衔接较其他行业更能体现出电子信息行业的特点。

二、电子信息类企业财务现状

虽然国内外学术界早在20世纪就开始了对企业财务风险评价研究，并取得显著的成就，如单变量分析模型、多变量分析模型、Z－Score模型等，但鲜有企业财务部门根据本行业企业所处时期、行业的需要，选择不同的财务风险评价方法对企业未来财务状况进行分析和评价。

在电子信息类企业内部，现阶段大多是采用同一个模型预警评价机制，而很多管理、财务人员，缺乏对风险和收益的相对把握，经常为了高收益，采取高风险的投资策略或企业扩张等活动，导致企业陷入财务困境。

本章采用的深度学习神经网络模型，可以立足于电子信息行业，对一段时间内企业可能出现的财务风险有良好的预测能力，具有一定的通用性和柔性，可以为企业利益相关者提供决策基础。

深度学习可以让计算机从抽象、复杂的问题中自动学习出模式特征，并将特征学习融入建立模型的过程中，简化了需要“提取特征”、“构建分类器”的传统流程，从而减少了人为设计特征造成的不完备性。基于深度学习的模型在很多应用场景下展现出超越现有算法的回归和分类能力。总体而言，本章的神经网络模型具有较强的学习能力和适应能力，可以较好地预测电子信息类企业财务风险。

第二节　电子信息类上市公司财务风险评价体系构建

一、电子信息类上市公司财务风险评价指标的选取

（一）指标选取的原则

（1）全面原则。在构建财务风险评价模型时，本章对电子信息类企业的财务盈利能力、偿债能力等各方面能力进行综合分析，避免局限于个别的能力方面，尽量保证指标能够全面衡量企业的财务状况，避免因选择指标不合理带来的偏差。

（2）可比原则。可比原则主要指：横向上——同一行业内不同企业在

同一时期的财务风险状况可由选取的指标进行有效的评估；纵向上——同一企业在不同时间的财务风险状况能否由给定要素进行充分的评估。

（3）客观原则。在选取指标的过程中，不应从主观的个人喜好出发，应结合前人研究成果和财务风险评价理论出发，选取对应的财务指标。

（二）财务指标的研究和分析

通过分析相关文献发现：陈静（1999）在资产负债率、总资产收益率、流动比率、净资产收益率4个财务比率的研究中，得出流动比率和资产负债率在宣布ST前一年的判断准确率较高；张玲（2007）发现依据资产负债比率、总资产利润率、留存收益与资产总额的比率、营运资金与总资产比率4个要素构建的判别模型准确性较高。杨利红等（2017）在评价财务风险时重点突出了资产负债率、营业利润率、成本费用利润率、存货周转率指标，财务预警的结果和财务分析结果间具有较好的一致性。李悦雨（2019）在研究中发现，资产负债率、成本费用利润率、应收账款周转率等指标通过一致性检验，可以较好地应用于财务风险评价研究。通过各项指标得分的大小和给定的财务风险区间进行比对，判断所研究企业的财务风险水平，进而探究企业产生财务风险的具体原因。

指标的具体数值方面，学者相关的研究得出：已获利息倍数，权重为10.588%，分析企业的息税前利润用来保障支付债务利息的能力，是评价企业短期偿债能力的综合指标；净资产收益率，权重为10.588%，该指标体现了股东对企业投入的净资本获得净收益的能力，是评价企业盈利能力的核心指标；资产负债率，权重为6.176%，该指标表示企业总负债在总资产中所占的比例，是评价企业长期偿债能力的综合指标；销售净利率，权重为6.176%，是指企业创造的净利润占销售收入的比率，用以衡量企业在某一时期内一定的销售收入所创造净利润的能力。这4个指标由于所占权重较大，可以较好地衡量企业的财务风险状况。

综合来看，学者们所选择的指标涉及企业的偿债能力、盈利能力、营运能力、发展能力。由于电子信息类企业相对属于资金密集型，研发投入大，资金回收相对更为复杂，其衡量风险的财务指标具有行业独特性：从相关研究成果来看，营运资本/总资产、总资产周转率、ROE（加权）、资产负债率、流动比率5个财务指标是显著影响企业财务风险的指标。

（三）具体财务指标的选取

在总结现有研究成果的基础上，本章基于企业财务四大类20个指标对风险状况预测程度的显著性，结合回判准确率，确定了以下5个财务风险评价指标：

（1）营运资本/总资产（%）：营运资本占总资产的比重，一方面反映企业流动资产的变现能力，指标越大，变现能力越强；另一方面反映企业多出的流动资产占用资金的情况，指标越大，资金占用越多，特别是当流动资产中变现能力差的存货、应收款、预付款增加时。

（2）总资产周转率（次）：总资产周转率是企业一定时期的销售收入净额与平均资产总额之比，可以衡量资产投资规模与销售水平之间的配比情况。对资产总额中的非流动资产应具体计算分析，总资产周转率越高，说明企业销售能力越强，资产投资的效益越好。

（3）ROE（加权）（%）：净资产收益率（return on equity），又称股东权益报酬率，是净利润与平均股东权益的百分比，是公司税后利润除以净资产得到的百分比率，该指标反映股东权益的收益水平，用以衡量公司运用自有资本的效率。该指标值越高，说明投资带来的收益越高。

（4）资产负债率（%）：资产负债率又称举债经营比率，用以衡量企业利用债权人提供的资金进行经营活动的能力，是反映债权人发放贷款安全程度的指标，通过将企业的负债总额与资产总额相比较得出。资产负债率反映在总资产中有多大比例是通过借债来筹资的，也可以衡量企业在清算时保护债权人利益的程度。如果资产负债比率达到100%或超过100%说明公司已经没有净资产或资不抵债。

（5）流动比率：流动比率是流动资产对流动负债的比率，用来衡量企业流动资产在短期债务到期以前，可以变为现金用于偿还负债的能力。一般来说，比率越高，说明企业资产的变现能力越强，短期偿债能力亦越强；反之则弱。一般认为流动比率应在2∶1以上。

二、搭建模型所运行的环境基础和注意事项

（一）搭建模型的环境基础

研究过程基于的操作系统是 Windows 10 家庭中文版，深度学习环境为 Python3. 6 + PyCharm + CUDA 10. 0 + CUDNN 7. 6. 5 + TensorFlow - gpu 2. 0. 0。深度学习环境是神经网络训练的基础，如果相关库存在缺失或版本不对应，可能会出现各种异常。

CUDA™（Compute Unified Device Architecture），是显卡厂商 NVIDIA 推出的运算平台和通用并行计算架构，有助于计算机的图形处理器（GPU）解决复杂的计算问题。它包含了 CUDA 指令集架构（ISA）以及 GPU 内部的并行计算引擎，是底层代码的集成。总体而言，CUDA 是一个方便用户编写代码调用 GPU 的框架。

CUDNN（CUDA Deep Neural Network）是用于神经网络的 GPU 加速库。CUDNN 强调低内存开销、易用性和性能，使 CUDA 在深度学习神经网络上的性能更高。

TensorFlow™是一个基于数据流编程（dataflow programming）的符号数学系统，被广泛应用于各类机器学习（machine learning）算法的编程实现，其前身是谷歌的神经网络算法库 DistBelief。Tensorflow 拥有多层级结构，可部署于各类服务器、PC 终端和网页并支持 GPU 和 TPU 高性能数值计算。

（二）搭建模型的注意事项

搭建模型所运行环境的注意事项有以下几点：

（1）安装配置完后注意将相关路径加入系统变量。

（2）特别注意 CUDA、CUDNN 和 TensorFlow 的版本匹配（可参考表 3-1）。

表 3-1　CUDA、CUDNN 和 TensorFlow 的版本对应

版本	Python 版本	cuDNN	CUDA
tensorflow_gpu-2.0.0	2.7、3.3-3.6	7.4.1 以上	CUDA 10.0
tensorflow_gpu-1.13.0	2.7、3.3-3.6	7.4	10
tensorflow_gpu-1.12.0	2.7、3.3-3.6	7	9
tensorflow_gpu-1.11.0	2.7、3.3-3.6	7	9

（3）训练过程需要 keras 库的支持，笔者在系统配置过程中频繁出现 pycharm 的报错“tensorflow_core. compat. v2 has no attribute__internal_”，互联网上无相关问题的解决方案。该问题实际上是由于 keras 以前安装的版本与现版本不对应。解决方案是控制台下卸载 keras 的所有相关库再安装 keras 的对应版本（研究中采用 keras2. 3. 1 版本）。

三、神经网络模型的确定

本章研究未采用前人研究的固定架构的神经网络，考虑到所分析问题为企业财务风险，且行业类型具有专一性，与传统的计算机视觉、自然语言处理等领域存在差异，笔者自主构建了深度学习神经网络的模型。

下面将结合模型训练准确率确定神经网络结构和模型参数。

（一）网络结构

风险评估模型主要依靠全连接层（fully connected layers，FC）进行搭建。全连接层在整个卷积神经网络中一般起到“分类器”的作用，它同时有维度变换的作用。

依照优化方法，结合问题规模，确定每个全连接层的输出空间的维数（filter 的数量）为 16；基于消融实验的准确率结果（见图 3－1），本书将神经网络结构中全连接层的数量设置为 3。

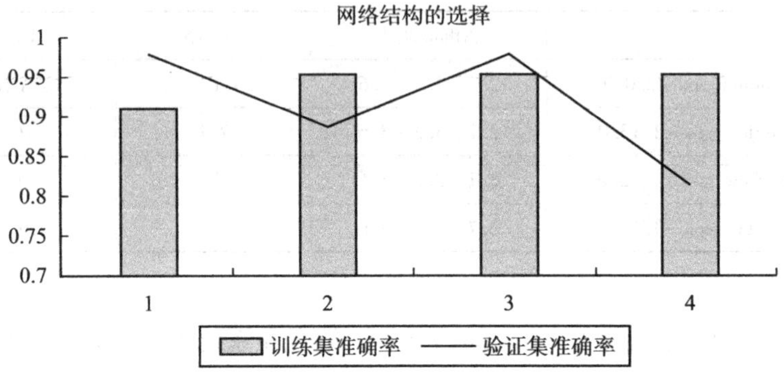

图 3－1　不同全连接层数下模型的准确率

（二）激活函数

激活函数是神经网络中非线性的来源，因为如果去掉这些函数，那么整个网络就只剩下线性运算。而线性运算的复合还是线性运算，由此形成的神经网络在计算结果上只相当于通过单层的线性模型得到的输出，不具备较强的特征提取和表达能力。因此，选用合适的激活函数是必要的。

由于 Sigmoid 和 Tanh 激活函数有较明显的梯度消失和收敛速度较慢的问题，本书采用 ReLu 函数。

（三）优化器

在给定的曲面上比较几种优化器的表现，如图 3－2 所示。可以看出，自适应学习优化器 Adagrad、RMSProp 的下降速度明显比传统梯度下降法 SGD 等要快。对出现比较多的类别数据，Adagrad 给予越来越小的学习率，而对于比较少的类别数据，会给予较大的学习率，因此 Adagrad 适用于数据稀疏或者分布不平衡的数据集，RMSProp 则在非凸设定下效果更好。

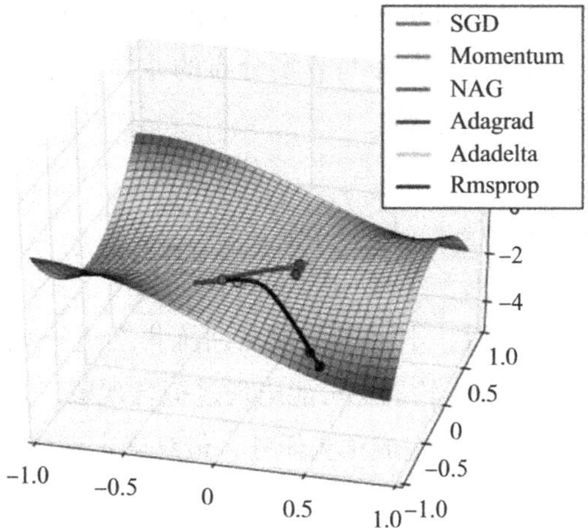

图 3-2　不同优化器在给定曲面上的表现

在选取的企业财务数据集上比较 Adagrad 和 RMSProp，结果如图 3-3 所示。因此，最终决定选择 Adagrad 优化器。

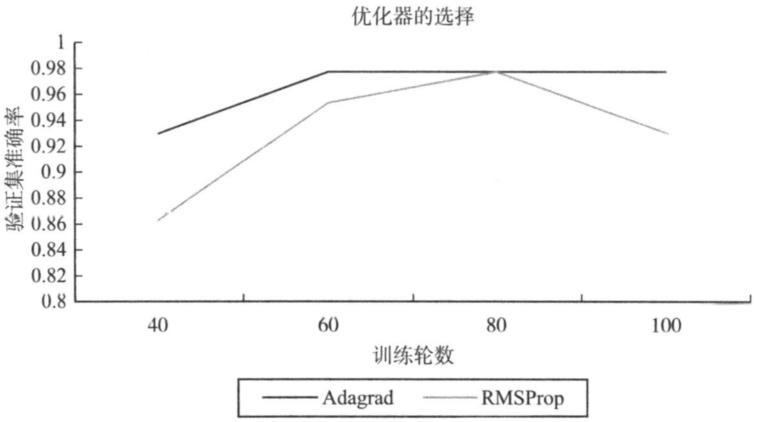

图 3-3　两种优化器的验证集准确率比较

（四）代价函数

由于本次研究的问题抽象为二分类问题，而交叉熵通常作为分类问题的代价函数，选取交叉熵（binary_crossentropy）为代价函数。代价函数用来评估当前训练得到的概率分布与真实分布的差异情况，减少交叉熵损失就是在提高模型预测的准确率。

（五）训练轮数

在以上各参数确定后，本书进一步在训练集上进行训练，得到准确率如图 3－4 所示。考虑到 80 轮以上可能出现过拟合现象，且训练轮数在 60 ~ 80 轮间实际已经可以较好地完成预测任务，最终确定训练轮数为 80 轮。

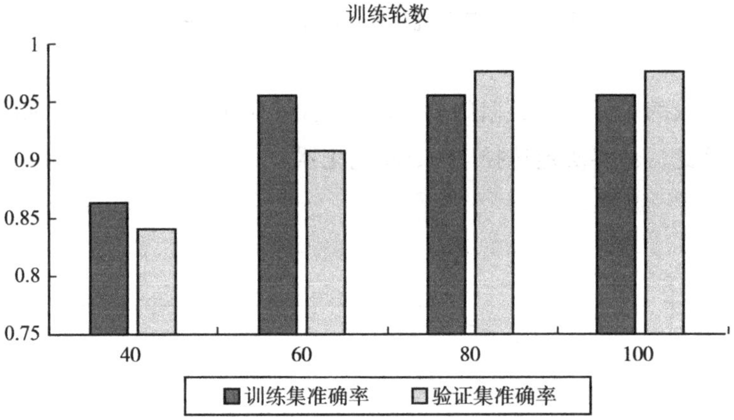

图 3－4　不同训练轮数下准确率的比较

（六）模型构建部分的基本 Python 代码

```
from keras import models   #keras 是开源人工神经网络库
from keras import layers

#the building process of model
qyymodel = models. Sequential( )
qyymodel. add( layers. Dense ( 16 , activation = 'relu', input _ shape =
```

```
(5,)))  #input 5 parameters
    qyymodel.add(layers.Dense(16,activation='relu'))#3 hidden layers in total
    qyymodel.add(layers.Dense(16,activation='relu'))
    qyymodel.add(layers.Dense(16,activation='relu'))
    qyymodel.add(layers.Dense(1,activation='sigmoid'))

    #The compilation of parameters
    qyymodel.compile(optimizer='adagrad',  #rmsprop sgd Adam Adamax
                     loss='binary_crossentropy',  #suitable for segregation problems
                     metrics=['accuracy'])  #to show how well the model works
    qyymodel.fit(trainqyydata,trainqyylabel,epochs=80,batch_size=22)#about 1700 items to train
```

第三节　数据的处理和模型的评价

一、数据的获取

本章以电子信息行业上市公司作为研究对象。一般而言，上市公司的财务数据获取较为容易，可以通过股票交易软件、数据库软件［万德数据库（Wind）、金融终端（Choice）等］、公司的年报和中报、上交所及深交所披露的报告等方式获取。

本章将企业财务风险按照证监会对上市公司的分类标准分成两类：一类是2016～2019年内正常运行未被特殊处理的公司；另一类是被特殊处

理（ST）的公司（股票类型为 ST、*ST 统称为 ST 类股票）。通过万德数据库，本章选取了 2016～2019 年电子信息类企业[①]中 15 家被沪深证券交易所特别处理的公司（见表 3－2）和 15 家在此期间正常运行的公司（见表 3－3）。

表 3－2　　本章研究选择的 15 家 ST 公司信息

股票代码	实施日期	实施后简称	实施 ST 原因
603996. SH	2019－05－29	ST 中新	出现其他异常状况，实施特别处理
600652. SH	2019－05－06	*ST 游久	最近两个会计年度的审计结果显示的净利润均为负值
002089. SZ	2019－05－06	*ST 新海	最近两个会计年度的审计结果显示的净利润均为负值
002766. SZ	2019－05－06	*ST 索菱	被注册会计师出具无法表示意见或否定意见的审计报告
002072. SZ	2019－05－06	*ST 凯瑞	被注册会计师出具无法表示意见或否定意见的审计报告
600485. SH	2019－04－30	*ST 信威	最近两年连续亏损，且被会计师事务所出具无法表示意见或否定的审计意见
600666. SH	2019－04－29	*ST 瑞德	最近两个会计年度的审计结果显示的净利润均为负值
002289. SZ	2019－04－26	*ST 宇顺	最近两个会计年度的审计结果显示的净利润均为负值
002113. SZ	2019－03－28	ST 天润	公司被控股股东及其关联方非经营性占用资金或违反规定决策程序对外提供担保，情形严重的
000670. SZ	2019－03－27	ST 盈方	公司生产经营活动受到严重影响且预计在三个月以内不能恢复正常
600634. SH	2018－05－03	*ST 富控	被注册会计师出具无法表示意见或否定意见的审计报告

① 在万德数据库中的标识是："CSRC 计算机、通信和其他电子设备制造业""CSRC 互联网和相关服务"。

续表

股票代码	实施日期	实施后简称	实施ST原因
002194. SZ	2018-04-27	*ST凡谷	最近两个会计年度的审计结果显示的净利润均为负值
600198. SH	2018-04-27	*ST大唐	最近两个会计年度的审计结果显示的净利润均为负值
600870. SH	2018-04-27	*ST厦华	最近两个会计年度的审计结果显示的净利润均为负值
002134. SZ	2017-05-02	*ST普林	最近两个会计年度的审计结果显示的净利润均为负值

表3-3　本章研究选择的15家非ST公司信息

股票代码	公司名称
002362. SZ	汉王科技
002351. SZ	漫步者
002241. SZ	歌尔股份
002185. SZ	华天科技
002134. SZ	天津普林
002106. SZ	莱宝高科
002055. SZ	得润电子
002045. SZ	国光电器
002017. SZ	东信和平
000977. SZ	浪潮信息
000810. SZ	创维数字
000725. SZ	京东方A
000066. SZ	中国长城
000063. SZ	中兴通讯
000050. SZ	深天马A

二、数据的预处理

现实世界中数据大体上都是不完整、不一致的脏数据，即使采用数据质量较高的金融终端数据库也是如此。为了提高训练模型的质量，本章需要进行数据预处理。数据预处理的方法包括数据清理、数据集成、数据变换、数据归约等。

本章研究过程中，遇到了空值的问题；同时，考虑到异常值、训练数据量过小等问题，下面给出应对方案：

（一）数据的筛选

随着万物互联、5G 网络的快速发展，每人每天实际产生大量的、可被充分挖掘的数据，对于一个企业财务部门更是如此。近些年来，大数据环境下数据量快速积累，要想分析出海量数据所蕴含的价值，数据的筛选十分重要。在整个数据处理流程中，数据筛选处于至关重要的地位。其在横向上可以简化数据记录条数，纵向上可以删去冗余、关联度低的属性。

数据筛选的目的是提高本书从数据库中获得的相关数据的可用性，更利于中期数据训练和后期数据分析。数据筛选包括数据抽取、数据清理、数据加载三个部分。

本书中，将所有公司财务数据限定在 2016～2019 年，选择这个时间段的原因有三个：

（1）2016 年前后基于 GPU 的深度学习模型训练大大提高了训练效率，在此期间，计算机的算力逐渐发展，能够较好地满足深度学习的要求。

（2）2016 年谷歌（Google）旗下深度思维（DeepMind）公司开发的基于深度学习的阿尔法围棋（AlphaGo）是第一个击败人类职业围棋选手、第一个战胜围棋世界冠军的人工智能机器人。自此，“人工智能”“深度学习”开始受到广泛关注，更多的电子信息类公司开始致力于开发深度学习的算法和模型。2016～2019 年是一个深度学习相对稳步上升的时期。

（3）受新冠疫情的影响，2020年间企业财务数据在所选指标上的表现大概率会与平常时期不同，而异常值的大量出现难以进行有效的数据清洗，会影响财务风险预测模型的准确率。

因此，将研究时间限定在2016～2019年度有利于提高模型在经济稳定条件下预测的准确率。

对公司的筛选，根据随机的原则，抽取了2017～2019年间的15家ST公司①和2016～2019年的15家非ST公司，以期提高神经网络模型在电子信息类行业进行预测的普适性。

对指标的筛选，本书通过公司的年报、中报和万德数据库中的数据，提取出Z值预警大类里的营运资本/总资产，财务摘要大类里的ROE（加权），运营能力大类里的总资产周转率（次），资本结构与偿债能力大类里的资产负债率和流动比率，共计5个指标。

（二）数据归一化处理

数据的“规范化”（normalization）是将不同变化范围的值映射到相同的固定范围中，最常见的是［0，1］，此时亦称为“归一化”。

通过归一化，一般而言，有以下两方面优势：

（1）提升模型的收敛速度。当模型受多维要素影响时，若各要素范围差距过大，则对其进行优化时，会得到一个窄长的椭圆形（以图3－5为例），导致其在梯度下降时，梯度的方向为垂直等高线的方向而走之字形路线，降低了迭代速度，无法以垂直于等高线的方向进行高效梯度下降。

（2）提升模型的精度。这在涉及距离计算的算法时效果显著，比如，算法要计算欧氏距离，取值范围较小的指标对结果的影响远比范围大的指标带来的影响小，这会造成精度的损失，所以归一化很有必要，可以让我们各个指标对预测结果做出的贡献相同。

---

① 2017年被ST的公司需要有前一年2016年的指标基础作为训练。

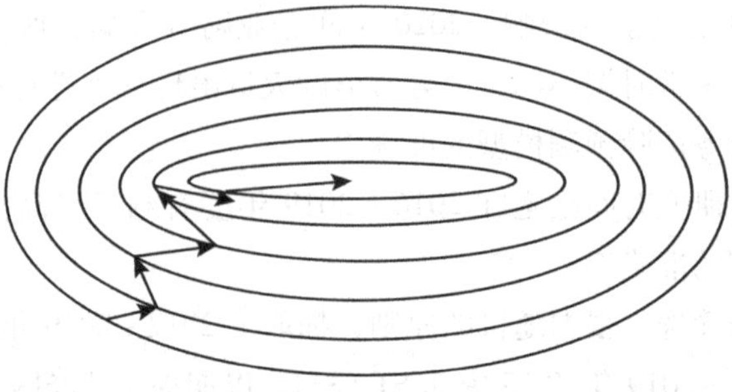

图 3-5　二维因素数值范围差距显著对梯度下降影响示意图

对于本研究要训练的数据，如表 3-4 所示，各指标范围差距显著，营运资本/总资产的比率可高于总资产周转率 1000 倍之多。可以预见，如果不进行归一化，总资产周转率即使自身有显著的变化，对整个模型的影响也微乎其微。

表 3-4　各财务指标原始数据

股票代码	营运资本/总资产（%）	总资产周转率（次）	ROE（加权）（%）	资产负债率（%）	流动比率
000670. SZ	4. 8281 -7. 6183	0. 29 0. 02	-60. 64 -21. 96	22. 01 23. 75	1. 22 0. 68
002072. SZ	-51. 1599 -74. 8487	0. 04 0. 04	-13. 21① -8. 91	143. 64 150. 52	0. 64 0. 50
002089. SZ	1. 3946 0. 0977	0. 17 0. 06	-29. 92 -9. 73	71. 87 71. 99	1. 03 1
002113. SZ	20. 3379 22. 2803	0. 18 0. 1	-14. 10 2. 59	17. 57 16. 86	2. 58 2. 82
002134. SZ	13. 7606 15. 6638	0. 55 0. 34	-20. 89 -1. 93	31. 58 31. 36	1. 48 1. 55

① 由插值法得到。

因此，对5个指标，按公式（3.1）进行处理，将范围映射到多维空间的［0，1］之间。考虑原始数据位数，保留4位有效数字，最终得到表3－5所示的数据。

表3－5　　　　原始数据归一化后的结果

营运资本/总资产（%）	总资产周转率（次）	ROE（加权）（%）	资产负债率（%）	流动比率
0.0944	0.2900	－1.0000	0.1532	1.2200
－1.0000	0.0400	－0.2178	1.0000	0.6400
0.0273	0.1700	－0.4934	0.5003	1.0300
0.3975	0.1800	－0.2325	0.1223	2.5800
0.2690	0.5500	－0.3445	0.2199	1.4800
0.8974	0.6200	－0.4875	0.1854	2.7900
0.1017	0.4900	－0.6461	0.3284	1.1400

$$x_{ij}' = \frac{x_{ij}}{|\mathrm{Max}(x_j)|} \tag{3.1}$$

式中：x_{ij}为第i条数据在指标j处的原始取值；

$|\mathrm{Max}(x_j)|$为数据集中指标j最大值的绝对值；

x_{ij}'为归一化后的结果。

（三）空值的处理

整体而言，对缺失值的处理方法分为删除法和填补法。删除法多用于数据量较为充足时个别样本出现的数据缺失。由于本次研究的样本相对有限，因此采用填补法。

填补法的思想来源是以一个可能的值来插补缺失值，这样比删除不完全样本所产生的信息丢失要少。例如每条记录的属性有几十个甚至几百个时，因为一个属性值的缺失而放弃大量的其他属性值，是对信息的极大浪费，所以产生了以可能值对缺失值进行填补的思想与方法。常用的方法有：均值填补、最大似然估计填补、最近邻插补法、插值法（拉格朗日差值和牛顿插值法）。

本次研究主要采用最近邻插补法和均值填补法。

对海量数据下可能采用的删除法，给出 Python 参考代码：

```
#load data while neglecting NaN
origin_data = pd. read_excel('D:\PrjFiles\data_A. xlsx')
#Requires 'pip install xlrd = =1. 2. 0',which indicates version is vital.
origin_data = ori_data. replace(' ',np. NaN)   #Alter empty to NaN
print(origin_data. shape)   #As a contrast to the latter one
optim_data = origin_data. dropna(axis =0)
print(optim_data. shape)   #To Verify whether nan parts deleted
```

（四）异常值的处理

对异常值进行处理的前提是能探测到异常值，计算机可以帮助我们较好地进行异常值探测，省去了人工的麻烦。常用的异常值探测方法有 3σ 探测法、散点图法（聚类思想）、基于距离的异常值探测法等。

通常对于异常值的处理有以下几种：

（1）删除：删除含有异常值的样本。

（2）视为缺失值：将异常值视为缺失值，使用缺失值处理方法来处理。

（3）单独处理：如果有大量异常值，应该在统计模型中单独对待它们。

本研究未探测到明显的异常值。

（五）数据量不足时的处理

尽管本次研究中训练样本数据已经使神经网络的结果较好，笔者仍给出数据量不足时的处理方法，以备使用。

在数据量不足，难以让模型学习到数据分布的规律时，可以采用生成对抗网络（generative adversarial network，GAN）方法生成数据集。GAN 方法应用到深度学习神经网络上，通过生成网络和判别网络的不断博弈，进而使生成网络学习到数据的分布，其数学描述由古德费罗（Ian J. Goodfellow，2014）给出，如式（3.2）所示：

$$\min_{G}\max_{D}V(D, G)=\mathbb{E}_{x\sim P\mathrm{data}(x)}[\log D(x)]+\mathbb{E}_{z\sim Pz(z)}[\log(1-D(G(z)))] \tag{3.2}$$

GAN的基本原理为：假设我们有两个网络，G（Generator）和D（Discriminator），它们的功能分别是：G是一个生成数据的网络，它接收一个随机的噪声z，通过这个噪声生成数据，记作$G(z)$。D是一个判别网络，判别数据是不是“真实的”。它的输入参数是x，x代表一份样本，输出$D(x)$代表x为真实样本的概率，如果为1，就代表100%是真实的样本，而输出为0，就代表不可能是真实的样本。

在训练过程中，生成网络G的目标就是尽量生成真实的数据去欺骗判别网络D。而D的目标就是尽量把G生成的数据和真实的数据分离开来。这样，G和D构成了一个动态的“博弈过程”。

在最理想的状态下，G可以生成足以“以假乱真”的数据$G(z)$。对于D来说，它难以判定G生成的数据究竟是不是真实的，因此$D(G(z))=0.5$。

（六）训练集和验证集的划分

根据已有文献，对于已有数据，通常将2/3～4/5的样本用于训练，剩余样本用于测试较好。本次训练过程中，训练集和验证集的划分比例为：73∶27。

三、模型的应用和评价结果

参照米切尔（Mitchell，1997）的研究，验证集（测试集）至少包含30个样例。

分别考虑构建好的深度学习神经网络模型应用于数量有限下（8家）和批量验证下（44家）的电子信息类企业，由前一年选取的5个指标评判半年后出现 ST 可能性的正确率，回判结果（如表3－6 所示）分别可达87.5%和97.73%。

表3－6　　　　　　　模型验证准确率

验证记录数量	损失值	准确率
8	0.531	0.875
44	0.157	0.9773

第四节　本章研究结论与展望

一、本章研究结论

本章的研究是对已有研究的一个有益补充，对电子信息行业企业的现实实践有良好的参考意义。

本章按照财务指标对财务风险状况预测程度的显著性，选取了营运资本/总资产、总资产周转率、ROE（加权）、资产负债率、流动比率 5 个财务要素，通过 15 家 ST 公司和 15 家正常运营的公司 2016 年 1 月至 2019 年 12 月间的中报和年报数据，借助数据挖掘技术，利用深度学习神经网络方法，构建了财务风险预测评价模型，可用于电子信息行业企业财务风险状况的预测和评价，并对投资者和管理人员有一定的参考意义。主要得到以下结论：

其一，目前企业面临的财务问题可以抽象为机器学习分类和回归两大问题，在训练数据总体上真实有效的前提下，神经网络对预测“是否会出现财务风险”这类问题能取得高于 95% 的准确率。

其二，对于神经网络模型，在将其训练数据约束到固定行业和时间段内，可以提高模型对真实情况的拟合程度，从而提高模型的泛化能力。

其三，综合营运能力、资本结构和偿债能力的营运资本/总资产、总资产周转率、ROE（加权）、资产负债率、流动比率5个财务指标结合可以较好地预测企业的财务风险状况，可以通过参数指标的微调，结合柔性财务方法，将本模型方法应用于不同行业中。

其四，对于神经网络模型的确定，虽然RMSProp优化器是深度学习从业者经常采用的优化方法，但在本分类模型中，其效果不如Adagrad优化器；整体上对于分类问题，采用ReLu激活函数+binary_crossentropy代价函数确实能取得较好的效果；在5个影响要素下，以全连接层为网络基本架构，本章研究模型可以在1760条记录的支持下学习到财务风险预测的规律。

其五，虽然由证监会标准定义的“ST股”是指境内上市公司，连续两年亏损，而被进行特别处理的股票，其重点关注企业是否出现亏损问题，但实际对特别处理出现前，进行短期预测时，仅有当期的盈利能力指标难以评估一段时间后企业的财务状况。这是因为，单独分析任何一类财务指标，都不足以全面评价企业的财务状况和经营成果，只有对各种财务指标进行系统、综合的分析，才能对企业的财务状况作出全面合理的评价①，所以，必须对企业进行综合的财务分析。只有综合盈利、运营、偿债相关指标，才能较为准确地预测评价企业的财务状况。

实际上，建模预测可以简化为公式（3.3），要想得到企业未来的财务状况 $F(status)$，需要通过当前不同财务指标 $C(index)$ 与所占权重值 $W(i)$ 的积，探究合适的函数 $G(x)$，来完成对财务风险的预测。

$$F(status) = G(W(i) \times C(index)) \tag{3.3}$$

基于以上结果，对电子信息行业企业来说，为了控制财务风险，需要采取如下对策：

① 荆新，王化成，刘俊彦．财务管理学［M］．北京：中国人民大学出版社，2018：103.

（一）企业内部财务管理方面

1. 定期评估自身的财务风险

根据本书研究的模型结果，将营运资本/总资产、总资产周转率、ROE（加权）、资产负债率、流动比率这五个财务指标结合确实可以较好地反映和预测电子信息行业企业的财务风险状况。因此，电子信息类企业的财务部门和相关高管应对这5个指标给予充分的重视，可以定期采用相关模型和方法评价公司未来的财务风险；不能只聚焦于公司的盈利能力，更需关注这些财务指标反映的企业资本结构和偿债能力，及时调整公司短期计划和长期战略，以期获得公司长期的收益与发展。

2. 完善企业财务数据库

微观层面，电子信息类企业若要通过神经网络模型对相关问题进行回归和分类研究，要在本企业建立真实、完备的数据库。特别对于财务部门人员，要增强风险意识，树立“数据为王”的观念。只有依托真实有效的运营财务数据，才能更准确地对企业财务风险等问题进行预测。

（二）企业整体运营方面

1. 迁移深度学习方法

电子信息类企业财务风险预测问题抽象出的深度学习神经网络分类模型，经过仔细地调参和优化，可以较好地满足财务风险的预测。因此，电子信息类企业在整体运营实践过程中，可以充分利用人工智能算法和机器学习模型，而不是局限于以前的评价方法。电子信息类企业可以通过招聘深度学习领域的人才，对公司的日常运营、财务风险、客户偏好进行建模和预测，从而在复杂的市场环境中占据有利地位。

2. 及时调整资产结构

资产结构实际上反映了企业资产的流动性，它不仅关系企业的偿债能力，也会影响企业的盈利能力。若电子信息类企业流动资产中货币资金占比过大，就应当分析企业现金持有量是否合理，有无现金闲置现象，因为过量的现金会影响企业的盈利能力；如果流动资产中存货与应收账款过多，就会占用大量的资金，影响企业的资金周转。

3. 分析资产周转情况

结合销售收入，分析电子信息类企业的资产周转情况。资产周转速度直接影响电子信息类企业的盈利能力，如果企业资产周转较慢，就会占用大量资金，增加资本成本，减少企业的利润。同时，应对电子信息类企业的存货周转率与应收账款周转率进行综合分析。

（三）企业销售方面

要想提高电子信息类企业盈利能力，提高销售净利率，必须一方面提高销售收入，另一方面降低各种成本费用，这样才能使净利润的增长高于销售收入的增长。

1. 开拓新市场

在市场经济中，电子信息类企业必须深入调查研究市场情况，了解市场的供求关系；在战略上，从长远的利益出发，努力开发新产品；在策略上，保证产品的质量，加强营销手段，努力提高市场占有率。

2. 加强成本费用控制

从杜邦系统中可以分析企业的成本费用结构是否合理，以便发现企业在成本费用管理方面存在的问题，为加强成本费用管理提供依据。

本书的研究用深度学习网络构建的财务风险预测评价模型，可用于电子信息类企业财务风险状况的预测和评价，亦可以为电子信息类企业加强成本费用控制提供决策参考。

二、本章研究展望

本书基于深度学习神经网络的电子信息类上市企业财务风险评价研究为预测企业财务风险并由此调整管理方式提供了一种选择，具备一定的创新性。尽管如此，还存在几个未来的改进之处和进一步研究的方向：

一、基于本书探讨的深度学习神经网络的通用架构和算法，可以根据企业不同利益相关者的需要，结合柔性财务相关方法，改变不同要素及权值的大小，可以探究预测投资者所重点关注的盈利能力、企业自身关注的偿债能力等，以此为参考来进行更好的投资、运营等活动。

二、对于指定要探究的某个行业，可以在训练完数据后借助参数可视化方法，观察到不同选取要素的相对影响程度；且随着深度学习领域的发展，其可解释性会有一定的提高，这将对财务风险方面的基础建模提供指导作用。

三、由上述过程探究出的显著指标，可以结合杜邦分析法，根据企业各种财务比率间的相互关系，联系当前企业财务风险状况，决定企业的资本结构（即财务杠杆情况），对相应指标反映出的销售和财务问题，可由管理者进行及时调整，以促进企业利润的提高和长期健康发展。

三、本章构建神经网络的 Python 代码

```
import pandas as pd
import os

os. environ['KERAS_BACKEND'] = 'tensorflow'
os. environ["TF_CPP_MIN_LOG_LEVEL"] = '2'#Only warning and Error
os. environ['CUDA_VISIBLE_DEVICES'] = '0'#Running on GPU

#Getting train_data & train_label
data = pd. read_excel('D:\PrjFiles/train_bf. xlsx')
#Requires to be'pip install xlrd = 1. 2. 0'
train_label = data. iloc[:,12:]#注意从 0 开始
train_data = data. iloc[:,7:12]

test_data = pd. read_excel('D:\PrjFiles/test_bf. xlsx'). iloc[:,7:12]
```

```
test_label = pd. read_excel('D:\PrjFiles/test_bf. xlsx'). iloc[ :,12:]

from keras import models
from keras import layers

#Model-building
model = models. Sequential( )
model. add( layers. Dense(16,activation = 'relu', input_shape = (5,)))
#对5个指标参数进行训练
model. add( layers. Dense(16,activation = 'relu'))
model. add( layers. Dense(16,activation = 'relu'))
model. add( layers. Dense(16,activation = 'relu'))
model. add( layers. Dense(1,activation = 'sigmoid'))

#Compiling parameters
model. compile (optimizer = 'adagrad', #adagrad rmsprop sgd Adam
Adamax
                loss = 'binary_crossentropy',
                metrics = ['accuracy'])
model. fit( train_data,train_label,epochs = 80,batchsize = 22)

results = model. evaluate( test_data,test_label)
#print( model. predict( test_data))
print( results)
```

第四章

北京市高端装备制造业上市公司财务风险研究

装备制造业在国民经济中占有举足轻重的地位，高端装备制造业更是国家重点发展的新兴产业，是促进国民经济持续健康发展的关键。从行业的角度来看，高端装备制造业是指高技术、高附加值、高不可替代性和高进入壁垒的新兴装备制造业。从产业的视角来看，我国的高端装备制造业在整个产业链中处于中上游的地位，其发展程度直接影响着整个产业链的发展。按照应用的不同，可将其划分为五大行业：航空装备、卫星设备及应用、轨道交通、海洋设备、智能制造。

高端装备制造业是北京市制造业的高新技术产业，2021 年 8 月北京市政府出台的《北京市“十四五”时期高精尖产业发展规划》中，将“智能制造与装备”纳入北京市高精尖产业之一，因而北京市的高端装备制造业发展在资源、人才、政策、资金等方面具有一定的优势，但由于其自身存在发展周期较长、投资较大、资金回收慢等问题，在财务上存在一定的潜在风险。财务风险预警是以财务管理、会计学、金融学等相关的理论为基础，利用企业的财务报表、主要财务指标等财务数据，运用科学的分析与计量手段，实时分析、监控公司的经营状况、财务状况，并及时向公司管理层报告，使其能够有效地预防和减少将来损失的一种方法。

第一节　北京市高端装备制造业面临的环境及财务状况

北京市是国家发展高端装备制造业的重要区域，具有得天独厚的区位、人才等条件，产业发展迅速，产值不断增长，但随着北京市高端装备制造业的迅速发展，其自身的问题也日益凸显。由于整个行业面临的环境越来越复杂，企业所面对的业务和财务风险也越来越严峻。因此，加强对上市公司的财务风险预警机制的研究，对于及时发现和预防财务风险具有重要的作用。只有如此，相关企业才能对其风险进行监控和预测，以便采取有效的控制措施，避免不必要的经济损失。

我国整体创新能力以及高精尖产业的国际竞争力与发达国家仍存在较大差距，核心关键技术“卡脖子”问题仍比较严峻，科技自主创新依旧任重道远。高端装备制造业作为高精尖行业，如何做好自身财务风险预警并实现产业升级和提高创新能力、自主研发能力，破解“卡脖子”难题就极为重要。在这样的背景下，本章的研究对象定为北京市的高端装备制造业上市公司的财务风险预警。

本章选取北京市高端装备制造业上市公司作为样本，对北京市高端装备制造业上市公司进行了初步财务风险研究，并运用功效系数法和熵值法等方法为其构建财务风险预警模型，并计算和分析其财务风险情况，评价其财务风险预警等级，以期达到以下两个研究目标：

（1）明确北京市高端装备制造业上市公司财务风险的影响因素。

目前，对北京市的高端装备制造业上司公司进行财务风险预警的研究还比较少见。本章从财务风险与财务风险预警的基本理论出发，结合北京市现有的高端装备制造业上司公司财务数据，对现有的财务风险进行了分析，并对其风险的原因进行了深入的研究，并加以构建新的财务风险预警指标体系。

（2）建立贴合北京市高端装备制造业上市公司实际情况的财务风险预警模型。

目前流行的财务预警模型很多，但大多是国外学者通过大量分析研究自己本国数据得出的，不能完全适用于北京市装备制造业上市公司乃至中国的上市公司。本章以功效系数法为例构建一个新的指标体系，建立一个适合北京市高端装备制造业上市公司的财务预警模型，并对预警结果进行分析，总结风险成因并针对性的提出对策。

一、北京市高端装备制造业上市公司面临的复杂环境

（一）北京市高端装备制造业上市公司名单

本章从北京所有的上市公司名单中根据每个上市公司的所属行业进行筛选，从中选取了北京市高端装备制造业上市公司共 12 个，其公司名称及大概信息如表 4－1 所示。

表 4－1　北京市高端装备制造业上市公司名单列表

编号	名称	证券种类	所属明细行业
000008	神州高铁技术股份有限公司	深圳 A 股	铁路、船舶、航空航天和其他运输设备制造业
600118	中国东方红卫星股份有限公司	上海 A 股	航空航天装备制造
600372	中航航空电子系统股份有限公司	上海 A 股	铁路、船舶、航空航天和其他运输设备制造业
601766	中国中车股份有限公司	上海 A 股	铁路、船舶、航空航天和其他运输设备制造业
600150	中国船舶重工股份有限公司	上海 A 股	铁路、船舶、航空航天和其他运输设备制造业
603698	航天长征化学工程股份有限公司	上海 A 股	航空航天装备制造
603859	能科科技股份有限公司	上海 A 股	智能制造与智能电气先进技术提供

续表

编号	名称	证券种类	所属明细行业
688009	中国铁路通信信号股份有限公司	上海A股	铁路、船舶、航空航天和其他运输设备制造业
688015	交控科技股份有限公司	上海A股	铁路、船舶、航空航天和其他运输设备制造业
688033	北京天宜上佳高新材料股份有限公司	上海A股	铁路、船舶、航空航天和其他运输设备制造业
688569	北京铁科首钢轨道技术股份有限公司	上海A股	铁路、船舶、航空航天和其他运输设备制造业
002933	北京新兴东方航空装备股份有限公司	深圳A股	铁路、船舶、航空航天和其他运输设备制造业

资料来源：巨潮信息网 http：//www.cninfo.com.cn/。

（二）北京市高端装备制造业上市公司财务状况

本章研究对象北京市高端装备制造业上市公司的财务风险，可以通过对其重要指标与最近一期行业平均值对比进行分析，以2021年9月30日数据为例，如表4－2所示。

表4－2　重要财务指标与行业均值对比　单位：%

2021年9月30日	净利润增长率	行业平均值	净资产收益率	行业平均值	资产负债比率	行业平均值	净利润现金含量
神州高铁	0	5.5	－1.74	6.70	50.14	57.46	87.14
中国卫星	－10.40	5.5	3.57	6.70	3.57	57.46	268.66
中航电子	38.65	5.5	5.32	6.70	55.63	57.46	86.52
中国中车	－4.90	5.5	4.47	6.70	59.98	57.46	－21.96
中国船舶	138.92	5.5	0.89	6.70	67.08	57.46	－525.71
航天工程	25.78	14.9	3.09	10.07	36.93	46.09	544.32
能科科技	31.67	14.9	6.15	10.07	18.33	46.09	－58.08

续表

2021 年 9 月 30 日	净利润增长率	行业平均值	净资产收益率	行业平均值	资产负债比率	行业平均值	净利润现金含量
中国通号	-9.16	5.5	5.57	6.70	60.48	57.46	14.34
交控科技	41.60	5.5	12.64	6.70	56.88	57.46	-20.67
天宜上家	58.42	5.5	4.07	6.70	17.01	57.46	36.61
铁科轨道	5.15	5.5	4.71	6.70	19.04	57.46	-56.33
新兴装备	-91.93	5.5	0.31	6.70	14.17	57.46	1041.79

资料来源：巨潮信息网 http：//www. cninfo. com. cn/。

表中各指标含义为：净利润增长率，该指标值较高表明公司有较强的增长能力和良好的发展前景。相反，则表明增长能力较弱，前景不佳；净资产收益率，该指数值较高表明公司盈利能力较强，相反，则表明公司盈利能力较弱；资产负债比率，该指标值越高表明该公司负债更多，偿债压力更大。相反，则表明该公司负债较少，偿债压力较小；净利润现金含量，该指标值较高表明该公司具有良好的收入质量和良好的现金流动性。相反，则表明该公司收入质量差，流动性弱。

（三）北京市高端装备制造业上市公司的内、外部环境

北京市的高端装备制造业是北京高新技术产业中的一个重要环节。北京市高端装备制造产业在 2016 ~ 2020 年以 17% 的速度递增。截至 2020 年，北京市的高端装备产业产值将达 788.4 亿元，在中国的高端装备产业中占据了 1% 的比重。北京市的科技创新、工业整体实力在近几年得到了明显的提高。但是，在规模和经济效益方面，大部分的公司都很难成为国内的龙头。总体上，企业规模小，自主研发能力弱，创新型企业数量少，专业技术人才比例低，高端装备制造企业的债务负担大等问题阻碍了其进一步发展。

1. 面临的外部环境

目前，国内高端装备产业的自主研发、设计与创新能力相对薄弱，核

心技术仍需依靠进口，尚未形成具备国际竞争优势的专业生产体系，尤其是基础设施和基础配套薄弱，高端装备制造企业主要依靠进口原材料、核心设备和系统。所以，国内的高端装备制造企业对国外企业的依赖性很强，而国外企业在这些设备上的讨价还价能力很低，从而导致了生产成本的提高。与此同时，由于复杂国际环境导致整个出口环境面临不利挑战，整个高端设备制造产业的市场需求出现了下降。

2. 面临的内部环境

高端装备制造周期长，初期投资大。由于库存周期较长，采购费用较高，多数买方采用赊销方式，应收账款不断增加。由于公司的存货和应收账款占了高端装备制造的绝大部分运营资本，使其成本、费用不断上升，导致企业资金不能直接流动，效益不断下滑，最后陷入了财政困境。

二、北京市高端装备制造业上市公司财务问题

虽然国内外早已开始对财务风险预警模型进行相关研究并取得了显著的成就，如单变量分析模型、多变量分析模型、Z 计分模型、F 分数模型等。但这些模型都有着不同程度的局限性，如单变量预测模型仅从单一指标层面预测财务风险，传统的 Z 计分模型财务预警能力不足，无法精准判定上市公司的财务风险状况等，并且鲜有研究是针对某一地区的某一行业进行针对性的财务风险预警研究，也缺乏对特定地区特定行业进行财务预警模型构建方法的研究。

北京市高端装备制造业上市公司之间更是没有一套完整的、科学的，且根据自身财务情况和财务数据而建立的财务预警体系。因而大多上市公司管理人员仅仅通过财务报告所反映的财务信息进行决策，缺乏对市场的整体考虑，缺乏对风险和收益的完整把握。此外，财务风险的预警并未得到北京市高端装备制造业上市公司的利益相关者和管理者的重视，仅仅关注表面的显而易见的盈利数据而忽略了潜在的、不易发掘的财务风险。

而本章立足于北京市高端装备制造业上市公司的财务风险的监测和防范角度去建立一套针对行业的、针对地区的、科学的财务风险预警模型。

运用熵值法科学选取财务指标、运用功效系数法科学计量财务风险情况，根据其财务风险预警结果判断其财务风险等级，同时根据财务风险预警结果进行财务风险分析并提出对策，从而弥补了这方面相关研究的不足。

第二节　北京市高端装备制造业上市公司财务风险预警模型构建

一、指标选取与权重计算

（一）指标选取的原则

1. 全面性原则

所选择的财务风险预警指标能够系统地反映企业财务状况的各个方面。

2. 可比性原则

所选取的财务风险预警指标可以与同一行业、同一企业的不同时期进行比较，能够反映其财务状况的发展水平。

3. 可操作性原则

所选择的财务风险预警指标可以从企业现有的财务数据中获取，具有很高的可行性。

4. 客观原则

所选取的财务风险预警指标要按照熵值法计算结果客观选取，而不应该受到个人主观判断的影响。

（二）财务指标的选取与分析

从财务风险预警研究的综述可以了解到，大多数学者在选择财务风险预警指标时，主要从企业盈利能力、经营能力、偿债能力和发展能力等方面入手。因此，在选择北京市高端装备制造业上市公司财务风险预警系统的指标时，本章遵循选择财务风险预警指标的原则，参考《绩效评价指标工商竞争企业企业效绩评价（修订版）》的操作规则，选取 2021 年 9 月 30 日北京市高端装备制造业上市公司的 17 项指标。财务风险预警的主要指标和实际值数据见表 4-3。

表 4-3　北京市高端装备制造业上市公司初选财务预警指标及原始数据表

指标	神州高铁	中国卫星	中航电子	中国中车	中国船舶	航天工程	能科科技	中国通号	交控科技	天宜上佳	铁科轨道	新兴装备
营业利润率（X1）	-7.17	6.43	9.40	5.99	0.91	9.08	15.75	12.56	11.69	32.02	18.34	4.04
净利润率（X2）	-9.45	5.03	8.29	4.47	1.07	8.73	13.27	9.51	10.53	26.69	12.85	3.62
毛利率（X3）	34.84	14.76	29.00	21.18	10.24	21.64	39.65	23.42	33.03	65.45	34.75	64.84
总资产报酬率（X4）	-0.76	1.65	2.28	1.54	0.26	2.01	4.39	2.29	3.84	3.54	3.42	0.28
应收账款周转率（X5）	0.36	1.88	0.87	1.75	7.16	2.31	1.11	1.30	1.86	0.91	1.13	0.56
存货周转率（X6）	0.57	1.49	0.94	1.61	1.03	2.75	3.69	7.32	1.24	1.32	1.28	0.29
流动资产周转率（X7）	0.17	0.43	0.37	0.52	0.33	0.29	0.50	0.30	0.43	0.22	0.32	0.09
固定资产周转率（X8）	2.41	4.04	1.89	2.52	1.70	1.85	5.66	6.08	6.45	0.70	4.31	5.79
总资产周转率（X9）	0.08	0.33	0.28	0.34	0.24	0.23	0.33	0.24	0.36	0.13	0.27	0.08

续表

指标	神州高铁	中国卫星	中航电子	中国中车	中国船舶	航天工程	能科科技	中国通号	交控科技	天宜上佳	铁科轨道	新兴装备
流动比率（X10）	1.14	1.88	1.64	1.26	1.27	2.31	4.04	1.39	1.62	9.45	4.29	9.44
速动比率（X11）	0.89	1.42	1.15	0.94	0.90	2.14	3.80	1.35	1.27	8.65	3.54	8.20
资产负债率（X12）	50.14	45.31	55.63	59.98	67.08	36.93	18.33	60.48	56.88	17.01	19.04	14.17
营业收入增长率（X13）	9.42	-2.48	19.32	-0.90	-0.12	7.67	17.44	5.89	38.86	58.70	-4.88	-32.08
总资产增长率（X14）	2.72	24.21	4.13	14.03	6.10	7.70	46.58	0.03	17.45	18.60	7.00	-0.85
营业利润增长率（X15）	0.00	-12.45	35.02	-11.86	0.00	16.63	30.91	-7.49	35.24	51.30	-4.97	-92.97
净利润增长率（X16）	0.00	-10.40	38.65	-4.90	138.92	25.78	31.67	-9.16	41.60	58.42	5.15	-91.93
净资产增长率（X17）	-1.47	1.77	3.54	1.71	1.05	1.32	63.60	-6.16	68.05	3.80	3.64	-7.05

资料来源：巨潮信息网 http://www.cninfo.com.cn/、国家统计局：http://www.stats.gov.cn/。

这些可供选择的财务风险预警指标根据其指标的特点分为 4 个指标集，分别为反映企业盈利能力、反映企业经营能力、反映企业偿债能力和反映企业发展能力的财务风险预警指标。然后，利用熵值法筛选反映这 4 个方面能力的财务风险预警指标。通过以上步骤，本章完成北京市高端装备制造业上市公司财务风险预警指标的选择。

根据上文熵值法相关公式的说明，对北京市高端装备制造业上市公司的原始数据进行熵值相关数据的处理，计算预警初选指标熵值及权重，首先是指标标准化和归一化处理，计算过程如下：

根据北京市高端装备制造业上市公司 2021 年 9 月 30 日的数据，将初选指标依照公式正向指标：（X - Min）/（Max - Min）（生成变量 - 正向化 MMS）、逆向指标：（Max - X）/（Max - Min）（生成变量 - 逆向化 NMMS）进行无量纲化处理。然后，将无量纲化处理后的数据进行非负化处理，完成数据的标准化处理过程。再对标准化处理后的数据进行归一化处理，处理结果见表 4 - 4。

表 4 - 4　北京市高端装备制造业上市公司初选预警指标归一化处理数据表

指标	神州高铁	中国卫星	中航电子	中国中车	中国船舶	航天工程	能科科技	中国通号	交控科技	天宜上佳	铁科轨道	新兴装备
X1	0.0000	0.3470	0.4228	0.3358	0.2062	0.4146	0.5848	0.5034	0.4812	1.0000	0.6509	0.2860
X2	0.0000	0.4007	0.4909	0.3852	0.2911	0.5030	0.6287	0.5246	0.5529	1.0000	0.6170	0.3616
X3	0.4456	0.0819	0.3398	0.1982	0.0000	0.2065	0.5327	0.2387	0.4128	1.0000	0.4439	0.9890
X4	0.0000	0.4680	0.5903	0.4466	0.1981	0.5379	1.0000	0.5922	0.8932	0.8350	0.8117	0.2019
X5	0.0000	0.2235	0.0750	0.2044	1.0000	0.2868	0.1103	0.1382	0.2206	0.0809	0.1132	0.0294
X6	0.0398	0.1707	0.0925	0.1878	0.1053	0.3499	0.4836	1.0000	0.1351	0.1465	0.1408	0.0000
X7	0.1860	0.7907	0.6512	1.0000	0.5581	0.4651	0.9535	0.4884	0.7907	0.3023	0.5349	0.0000
X8	0.2974	0.5809	0.2070	0.3165	0.1739	0.2000	0.8626	0.9357	1.0000	0.0000	0.6278	0.8852
X9	0.0000	0.8929	0.7143	0.9286	0.5714	0.5357	0.8929	0.5714	1.0000	0.1786	0.6786	0.0000
X10	0.0000	0.0890	0.0602	0.0144	0.0156	0.1408	0.3490	0.0301	0.0578	1.0000	0.3791	0.9988
X11	0.0000	0.0683	0.0335	0.0064	0.0013	0.1611	0.3750	0.0593	0.0490	1.0000	0.3415	0.9420
X12	0.6798	0.5885	0.7836	0.8658	1.0000	0.4302	0.0786	0.8753	0.8072	0.0537	0.0920	0.0000
X13	0.4571	0.3261	0.5662	0.3435	0.3521	0.4379	0.5455	0.4183	0.7814	1.0000	0.2996	0.0000
X14	0.0753	0.5284	0.1050	0.3137	0.1465	0.1803	1.0000	0.0186	0.3858	0.4101	0.1655	0.0000
X15	0.6444	0.5581	0.8872	0.5622	0.6444	0.7597	0.8587	0.5925	0.8887	1.0000	0.6100	0.0000
X16	0.3982	0.3532	0.5656	0.3770	1.0000	0.5099	0.5354	0.3585	0.5784	0.6513	0.4205	0.0000
X17	0.0743	0.1174	0.1410	0.1166	0.1079	0.1115	0.9407	0.0119	1.0000	0.1445	0.1423	0.0000

（三）指标熵值及权重计算

将表4－4中归一化处理后的数据进行计算，求出各指标的熵值、信息效用值和指标权重。计算结果如表4－5所示。

表4－5　　财务风险预警指标熵值及权重表

项目	信息熵值 e	信息效用值 d	权重系数 w
营业利润率（X1）	0.9355	0.0645	2.97%
净利润率（X2）	0.9471	0.0529	2.44%
毛利率（X3）	0.8927	0.1073	4.95%
总资产报酬率（X4）	0.9298	0.0702	3.23%
应收账款周转率（X5）	0.8110	0.1890	8.71%
存货周转率（X6）	0.8269	0.1731	7.98%
流动资产周转率（X7）	0.9348	0.0652	3.00%
固定资产周转率（X8）	0.9035	0.0965	4.45%
总资产周转率（X9）	0.9068	0.0932	4.30%
流动比率（X10）	0.7171	0.2829	13.04%
速动比率（X11）	0.7081	0.2919	13.45%
资产负债率（X12）	0.8815	0.1185	5.46%
营业收入增长率（X13）	0.9396	0.0604	2.78%
总资产增长率（X14）	0.8410	0.1590	7.33%
营业利润增长率（X15）	0.9595	0.0405	1.87%
净利润增长率（X16）	0.9482	0.0518	2.39%
净资产增长率（X17）	0.7474	0.2526	11.64%

由表4－5计算可得：盈利指标X1、X2、X3、X4的权重均值为3.40%，营运能力指标X5、X6、X7、X8、X9的权重均值为5.69%，偿债能力指标X10、X11、X12的权重均值为10.65%，发展能力指标X13、X14、X15、X16、X17的权重均值为5.20%。

由于所选取的财务指标较多，为避免类指标中有较高的相关性造成信息重叠，指标重复，可以简化预警模型的自变量的个数提高模型的预测精度，本章分别选取盈利能力、营运能力、偿债能力和发展能力 4 类指标中权重系数和信息效用值最高的两个指标构成财务预警模型。

故根据表 4－5 计算所得结果，盈利能力类指标中选取毛利率（X3）和总资产报酬率（X4）；营运能力类指标中选取应收账款周转率（X5）和存货周转率（X6）；偿债能力类指标中选取流动比率（X10）和速动比率（X11）；发展能力类指标中选取总资产增长率（X14）和净资增长率（X17）。

根据以上财务风险预警指标的筛选步骤，本章构建了北京市高端装备制造业上市公司财务风险预警指标体系如图 4－1 所示。

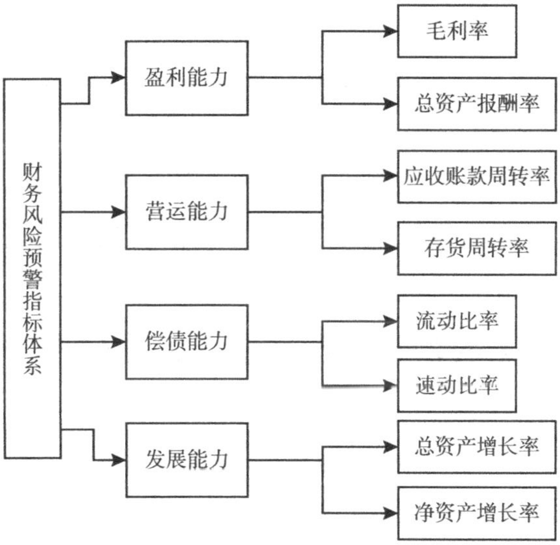

图 4－1　北京市高端装备制造业上市公司财务风险预警指标体系

二、基于熵值法的财务风险预警指标权重确定

根据前文选取的财务风险预警指标，依照北京市高端装备制造业上市公司的实际状况进行指标赋权工作，选取北京市 12 个高端装备制造业上

市公司的 8 个财务指标进行评价，即 n = 12，m = 8，指标包括盈利能力、营运能力、偿债能力、发展能力，共 4 个一级指标，8 个二级指标。将挑选出的财务风险预警指标再次运用熵值法，计算出其客观权重，具体的计算过程与前文一致，不再赘述，计算结果如表 4 - 6 所示。

表 4 - 6　北京市高端装备制造业上市公司财务风险预警指标体系

一级指标	权重	二级预警指标	权重
盈利能力	11.63%	毛利率	7.03%
		总资产报酬率	4.60%
营运能力	23.73%	应收账款周转率	12.39%
		存货周转率	11.34%
偿债能力	37.67%	流动比率	18.54%
		速动比率	19.13%
发展能力	26.97%	总资产增长率	10.42%
		净资产增长率	16.55%

三、功效系数法预警标准值及评分公式确定

本章采用的评价标准依照的是由国务院国资委考核分配局编制的《企业绩效评价标准值 2021》。该标准按行业水平的划分提供了优秀值、良好值、平均值、较低值、较差值 5 个档次的参考值，是目前国内权威性最高、涵盖面最广的企业绩效评价标准。根据国资委颁布的交通运输设备制造业（全行业）标准值，得出北京市高端装备制造业上市公司的财务风险预警指标的标准参考值，如表 4 - 7 所示。

表4-7 财务风险预警指标标准值表

预警指标		优秀	良好	平均	较差	差
		1	0.8	0.6	0.4	0.2
盈利能力	毛利率	10.8%	7.2%	6.1%	0.2%	-5.5%
	总资产报酬率	8.8%	7.3%	4.6%	0.3%	-4.7%
营运能力	应收账款周转率（次）	11.7	6.7	5.2	2.3	1.6
	存货周转率（次）	10.4	7.2	4.4	2.2	1.6
偿债能力	速动比率	149.7%	118.1%	88.0%	63.0%	49.1%
	流动比率	22.3%	13.6%	10.2%	-0.3%	-6.5%
发展能力	总资产增长率	17.6%	11.0%	6.4%	-3.4%	-8.0%
	净资产增长率	17.2%	6.3%	-0.3%	-15.8%	-24.0%

接下来，根据调整对基础分与调整分分配比重。传统的功效系数法固定对基础分和调整分进行分配，由于不够精细化而无法满足市场的动态变化。在此将其调整为变动的分配比重，以提高财务风险预警的灵敏度和准确性。改进后的计算公式如下：

（1）单项指标得分计算公式为：

$$\text{单项指标评分} = \text{本档基础分} + \text{调整分} \tag{4.1}$$

$$\text{本档基础分} = \text{指标权重} \times \text{本档标准系数值} \tag{4.2}$$

$$\text{调整分} = \text{功效系数值} \times (\text{上档基础评分} - \text{本档基础评分}) \tag{4.3}$$

$$\text{上档基础评分} = \text{指标权重} \times \text{上档标准系数值} \tag{4.4}$$

（2）功效系数值的计算公式为：

$$\text{功效系数值} = (\text{实际值} - \text{本档标准值})/(\text{上档标准值} - \text{本档标准值}) \tag{4.5}$$

其中，实际值若为优秀档，则其功效系数取值为1。

（3）基本指标总分的计算公式为：

$$\text{分类指标评分} = \sum \text{类内各项基本指标评分} \tag{4.6}$$

$$\text{基本指标总评分} = \sum \text{各类基本指标评分} \tag{4.7}$$

四、北京市高端装备制造业上市公司财务风险预警等级划分

北京市高端装备制造业上市公司的财务风险预测是建立在财务风险分级基础之上的。本章参考了商务部关于财务风险评估的评估方法，并结合前面的财务风险评估准则级别，按照功效系数法的评分值，财务风险等级划分为表4-8所示。

表4-8　北京市高端装备制造业上市公司财务风险预警等级表

预警等级	巨警	重警	中警	轻警	无警
预警得分	(0，20]	(20，40]	(40，60]	(60，80]	(80，100]

五、北京市高端装备制造业上市公司财务风险预警应用分析

（一）财务风险预警结果计算

计算北京市高端装备制造业上市公司2021年9月30日的财务风险预警指标评分值。为了使结果具有代表性，本书分别计算了神州高铁、中国卫星、中航电子、中国中车、中国船舶、航天工程、能科科技、中国通号、交控科技、天宜上家、铁科轨道、新兴装备12家上市公司的财务风险预警指标评分值。则计算结果如表4-9、表4-10、表4-11所示。

表4-9　财务风险预警指标评分值计算表

预警指标体系	单项预警指标	神州高铁	中国卫星	中航电子	中国中车
盈利能力	毛利率	7.03	7.03	7.03	7.03
	总资产报酬率	1.65	2.13	2.26	2.11

续表

预警指标体系	单项预警指标	神州高铁	中国卫星	中航电子	中国中车
营运能力	应收账款周转率	0.00	3.47	0.00	3.01
	存货周转率	0.00	0.00	0.00	2.31
偿债能力	速动比率	11.24	17.64	14.45	11.86
	流动比率	8.17	8.44	8.36	8.22
发展能力	总资产增长率	5.47	10.42	5.77	9.29
	净资产增长率	9.68	10.97	11.86	10.94
综合得分		43.24	60.1	49.73	54.77

表4-10　　财务风险预警指标评分值计算表

预警指标体系	单项预警指标	中国船舶	航天工程	能科科技	中国通号
盈利能力	毛利率	6.81	7.03	7.03	7.03
	总资产报酬率	1.83	2.21	2.72	2.27
营运能力	应收账款周转率	10.14	4.97	0.00	0.00
	存货周转率	0.00	5.10	6.07	9.16
偿债能力	速动比率	11.37	18.54	18.54	16.82
	流动比率	8.22	8.60	9.23	8.27
发展能力	总资产增长率	6.19	6.84	10.42	4.90
	净资产增长率	10.61	10.74	16.55	8.68
综合得分		55.17	64.03	70.56	57.13

表4-11　　财务风险预警指标评分值计算表

预警指标体系	单项预警指标	交控科技	天宜上佳	铁科轨道	新兴装备
盈利能力	毛利率	7.03	7.03	7.03	7.03
	总资产报酬率	2.60	2.53	2.51	1.84
营运能力	应收账款周转率	3.40	0.00	0.00	0.00
	存货周转率	1.76	0.00	0.00	0.00

续表

预警指标体系	单项预警指标	交控科技	天宜上佳	铁科轨道	新兴装备
偿债能力	速动比率	15.88	18.54	18.54	18.54
	流动比率	8.35	11.20	9.33	11.20
发展能力	总资产增长率	10.37	10.42	6.52	4.71
	净资产增长率	16.55	11.99	11.91	8.49
综合得分		65.94	61.71	55.84	51.81

由表4-9、表4-10、表4-11可知，本章所选取的12个北京高端装备制造业上市公司在2021年9月30日的财务风险预警指标评分值中：神州高铁（43.24）、中航电子（49.73）、中国中车（54.77）、中国船舶（55.17）、中国通号（57.13）、铁科轨道（55.84）、新兴装备（51.81）对应前文所介绍的财务风险预警等级划分，以上7个上市公司的财务风险预警等级为中警（40，60]。

中国卫星（60.1）、航天工程（64.03）、能科科技（70.56）、交控科技（65.94）、天宜上佳（61.71）5个上市公司的财务风险预警等级为轻警（60，80]。

（二）财务风险预警结果分析

从上述分析结果中可以看出，北京市高端装备制造业上市公司的财务总体情况不太稳定，存在着一定的财务风险，北京市的12个上市公司中有7个处于中警等级，占整个行业的58.33%；有5个上市公司处于轻警等级，占整个行业的41.67%。本章将从盈利能力、营运能力、偿债能力和发展能力4个角度进行分析。

1. 盈利能力财务风险分析

12个北京市高端装备制造业上市公司的盈利能力指标得分均分为9.23，而盈利能力指标满分为11.63，说明北京市高端装备制造业行业整体的盈利能力处于中上水准，盈利能力良好。分析原因，主要有如下几点：

（1）国家政策支持。高端装备制造业作为一种战略新兴产业，在提升我国的整体实力方面具有举足轻重的地位。近几年，我国出台了一系列的计划、行动或具体的政策、措施，以推动重点行业的发展，加速制造业大国的建设。

（2）资本的注入及技术的支撑。中国政府把发展高端装备制造作为重点项目。科研经费逐年增长，产业结构不断优化，高科技产业和装备产业的研发投资也在持续增长，为国内高端制造业的发展打下了坚实的科技基础。

（3）应用场景的拓宽。目前，高端装备的应用场景不断被拓宽，比如受新冠疫情影响，机器人进入了医疗服务行业并承担着送饭送药、病情实时监测等功能；以及高危行业领域、精密仪器制造等领域对高端装备的需求都不断增长。

2. 营运能力财务风险分析

12 个北京市高端装备制造业上市公司的营运能力指标类均分为 4. 12，而营运能力类指标满分为 23. 73，并且神州高铁、中航电子、天宜上佳、铁科轨道、新兴装备 5 家公司在营运能力方面表现较差，功效系数法计算得分为 0。这说明北京市高端装备制造业上市公司的营运能力较差。

应收账款周转率是反映应收账款周转速度的指标。该指标表现不佳，说明北京市高端装备制造业上市公司应收账款恢复速度慢，企业管理效率低，坏账发生可能性高，企业资产流动性低，经营能力弱。存货周转率是企业销售能力和流动资产流动性的指标。也是衡量企业生产经营各个环节库存运作效率的综合指标。这个糟糕的指标反映了北京市高端装备制造业上市公司的销售能力低，产品库存大，销量小。同时也暴露出存货管理企业生产经营水平低、存贷款结构不合理等问题。造成上述问题的主要原因如下：

（1）高端装备制造周期长，初期投资大。由于库存周转周期较长，库存量大，采购费用较高，并且多数买方采用赊销方式，应收账款不断增加。高端装备制造业的经营资金主要来自应收账款及大量的库存，同时也使公司的经营成本和支出有所上升，导致公司的资金不能直接流动，公司的经济效益不断下滑，最后导致了财务困境。

（2）高端装备制造业面临着较高的生产许可证壁垒和资本壁垒。随着国家提倡淘汰落后产能，推动产业升级，对节能环保要求越来越高，高端装备制造业的生产许可门槛也越来越高。高端装备制造业是典型的资本密集型产业。企业需要在前期投入大量资金购买现代设计软件和加工设备、超大型高精度数控设备和成套检测设备，这就要求企业具备雄厚的资金实力。由于上述特点，高端装备制造业上市公司的经营周转能力不强。

3. 偿债能力分析

12 个北京市高端装备制造业上市公司的偿债能力指标得分均分为 24.96，而偿债能力类指标得分满分为 37.67，对比说明北京市高端装备制造业上市公司的偿债能力良好，负债较少，没有潜在的债务危机。

4. 发展能力分析

12 个北京市高端装备制造业的发展能力指标得分均分为 19.20。而发展能力类指标得分满分为 26.97。对比说明北京市高端装备制造业上市公司发展能力好，生命力旺盛，市场潜力大，发展前景好。

近几年，北京市的智能装备工业整体水平得到了明显提高。北京市拥有一大批具有世界领先水平的核心技术和工艺，在关键技术、设备上实现了重大突破。从投融资角度看，根据烯牛数据的统计（https：//www.xiniudata.com/project/event/lib/invest），北京市 2021 年前三季度高端装备制造行业投融资案例有 10 起，位居全国第一，占全国总量的 22%，反映出北京市的高端装备制造行业投融资热度较高，对产业发展起到良好的支撑作用。

北京市正在努力构建“一区两带多组团”的空间格局，以北京航天产业园、北京经济技术开发区为代表的“北京航天产业园”“北京经济技术开发区”等高端装备制造业园区，以“一区两带多组团”为目标，鼓励各区围绕 2 ~3 个产业，怀柔将以先进科技设备和传感器为重点，延庆以无人机为发展重点，形成一批有特色、有国际竞争力的产业集群。

第三节　本章研究结论与展望

一、本章研究结论

在复杂环境下，本章应用熵值法和功效系数法对北京市高端装备制造业上市公司财务风险预警进行了研究，构建了一套适合于北京市高端装备制造业上市公司的财务风险预警体系，并将其运用到具体的上市公司的财务风险预警分析中。通过预警分析发现，北京市高端装备制造业上市公司的财务总体情况不太稳定，存在着一定的财务风险；北京市的 12 个上市公司中有 7 个处于中警等级，占整个行业的 58.33%；有 5 个上市公司处于轻警等级，占整个行业的 41.67%。针对以上的财务风险预警结果，本章从盈利能力、营运能力、偿债能力和发展能力四个方面分析了其产生财务风险的具体原因，且针对预警结果和风险成因对北京市高端装备制造业上市公司从如何做好财务风险预警和如何防范风险两个方面提出了对策。具体来说本章有如下研究成果：

第一，从高端装备制造行业的发展状况和行业的内外部风险两个角度分析了北京市高端装备制造业上市公司构建财务预警体系的重要性。从高端装备制造业人环境分析可知，高端装备制造业总体市场需求下降，对企业的订单管理存货周转以及产品销售都造成了一定影响。同时我国高端装备制造业自身存在着生产周期长，技术创新能力，产品研发能力差，核心设备依靠进口等潜在风险和问题。通过分析可知，近年来北京市高端装备制造业上市公司面临着营运能力明显不足，发展能力下滑等问题，但北京市高端装备制造业上市公司并未建立财务风险预警体系。因此，结合实际情况，本章建立起合适的财务风险预警体系，这对北京市高端装备制造业上市公司的持续发展具有重大意义。

第二，基于熵值法和功效系数法构建北京市高端装备制造业上市公司的财务风险预警体系。本章结合北京市高端装备制造业上市公司的实际情况，从它们的盈利能力、营运能力、偿债能力和发展能力四个方面进行了指标的初选，严谨地运用熵值法筛选出了符合北京市高端装备制造业上市公司特性的财务风险预警指标。在财务风险预警指标定权方面，本章采用客观的指标赋权方法，即熵值法来为北京市高端装备制造业上市公司财务风险预警指标赋权，消除了采用一般指标设定权重方法而带来的主观性影响。运用功效系数法的思想来处理评价指标的计算，对指标值的满意值和不允许值的选定进行了改进，使得计算结果更为精确。此外，本章还选用具有权威性的《企业绩效评价标准值》作为指标的评价标准，并且对财务风险等级进行了划分，从而构建了一个较为科学的财务风险预警体系。

通过对北京市高端装备制造业上市公司的财务风险预警结果的分析，并结合它们自身发展的实际需要，有针对性地提出了防范风险的对策，如指导相应的风险警报程序、设立独立的风险预警部门、提高风险意识等，具体如下：

（一）财务风险预警保障措施

1. 提高风险防范意识

北京市高端装备制造业上市公司的管理人员缺乏对风险的预警和防控意识，仅靠财务报表数据进行决策造成对公司整体财务状况的把握不够。在风险管理中，建立健全的风险观念是建立内部控制的先决条件，也是现代企业经营的灵魂。良好的风险意识能使企业及时地发现和消除潜在的危险，从而促进企业的长远发展。风险认识主要有两个方面：一是对危险现象的认识与态度；二是对危险现象的认识与掌握。要确保企业在经营过程中具备良好的风险管理意识，必须从两个层面提高风险意识。首先，要让有关的管理者具备一定的风险意识，让他们认识到风险管理的重要性，从而把风险意识和内部控制有机地结合起来，并在制度上加以实施。其次，要激励员工形成相应的风险观念，鼓励员工主动地进行风险识别与汇报，营造一种良好的风险管理环境，加强员工的风险管理意识，提升企业的整体风险管理观念。

2. 设立独立的财务风险预警部门

北京市高端装备制造业上市公司的部门体系架构中很少有企业设立独立的财务风险预警负责部门。而独立的财务风险预警监管部门是构成完整的企业财务风险预警体系和企业财务管控体系的重要一环。独立的财务风险预警监管部门可以承担会计核算、财务监督、成本控制、风险预警、税收测算等职能；即对企业的经营活动进行事前预测和计划，并对企业收益作出预测和规划，事中对企业的各项经济活动的效益进行监管，对企业各项目的风险进行预警和监测并实时向企业管理层反映，最后事后进行核算管理和评估，并作出报告总结。此外，设立独立的财务风险预警监管部门可以完善企业的管理体系，能够提高企业管理的效率，使财务风险预警工作规范化，并且可以做到风险预警的责任落实到具体部门，使企业各部门的权责清晰具体化。能够帮助企业做到对财务管理实施过程中的潜在风险进行监控，及时发现异常指标并采取应对措施，做到早发现、早预警、早防范、早化解。此外，设立独立的财务风险预警监管部门还可以让管理层得到有效的风险预警信息，无须管理层通过原始财务数据去分析再做决策，这样可以大大提高企业管理和决策的效率和针对性。本书的研究发现北京市高端装备制造业上市公司的管理结构中少有公司设立独立的财务风险预警监管部门，这也是导致个别上市公司出现不同程度的潜在风险的主要原因之一。

3. 制定风险警报相应程序

财务风险警报程序和财务风险预警体系的建立是财务风险防范的必要途径。及时、精准、有效的财务风险警报程序能够对行业和企业的风险进行高效的预测，能够将潜在的风险扼杀在摇篮中。因此，财务风险预警体系的建立对北京市高端装备制造业上市公司的风险防范具有一定的积极意义。同时，构建财务风险预警体系可以帮助管理层及时了解本企业的财务运行状况，从而为企业的战略决策提供客观指导；而风险警报相应程序更是可以帮助企业管理者及时发现风险，并有针对性地进行企业调整，解决风险。

（二）财务风险控制的相关建议

1. 把握国家政策机遇

在《〈中国制造2025〉北京行动纲要》中，提出了在智能制造体系和服务领域，重点发展智能装备、智能仪器、智能控制系统、智能机器人、智能数控机床、3D 打印等高端智能装备，并将其应用于全社会。北京市政府于 2021 年 8 月印发《北京市“十四五”时期高精尖产业发展规划》，将智能制造与设备列为北京市高新技术产业中的“以自主可控、软硬件集成、智能制造、基础设施及设备增值服务”为核心，以智能化、高端化引领北京制造业的整体转型，为北京市的智能制造、装备工业提供了有利的政策支持。北京市装备制造行业的高校要把握好发展的契机，把握好政策的支持，增强自身的实力，努力提高北京市的高端装备制造产业产值。

2. 强化自主研发能力

目前，我国高端装备行业自主研发、设计和创新能力较差，核心技术仍需依赖国外，尚未形成具有国际竞争力的专业制造能力。对于一些高性能材料的使用，如特殊合金和钢材，中国还没有形成独立生产的能力，并且有一些原材料，核心设备和系统主要依赖进口。因此，北京市高端装备制造业上市公司应提高和加强自主研发能力，加大对技术开发和设备研发的投入，推动产业技术改革、优化升级的主方向，减少对关键技术和材料的进口依赖。加强自主研发能力可以降低和控制生产成本，削弱货币政策和汇率波动的影响，降低运营成本。此外，加强自主研发能力可以很好地刺激国内市场需求，有助于形成完整的国内产业链，提高企业在国内流通环境下的盈利能力。

3. 加强企业的生产和运营管理

本书从对北京市高端装备制造业上市公司的财务风险预警结果的分析中发现，12 个北京市高端装备制造业上市公司的营运能力指标类均分为 4.12，而营运能力类指标满分为 23.73，并且神州高铁、中航电子、天宜上佳、铁科轨道、新兴装备五家公司在营运能力方面表现较差，得分为0。说明北京市高端装备制造业上市公司的营运能力较差。

因此，北京市高端装备制造业上市公司应加强对企业生产经营能力的管理，优化生产流程，缩短高端设备的生产周期，减少销售产品时赊购，以降低应收账款在营运资金中的比例。北京市高端装备制造业上市公司应该提高盈利能力和营销能力，减少库存。从运营角度来看，库存不仅会积压资金，增加利息支出，还会产生不必要的处理和维护成本。更重要的是，当库存量很大时，就会出现很多问题，比如交货延迟、设备故障、质量缺陷等。因此，解决库存问题是提高企业经营能力的关键，应该引起企业管理层的重视。应设立独立的部门，负责企业的周期和库存管理、生产经营管理，并将上述工作落实到具体部门。

二、本章研究展望

虽然本书研究取得了一定的成果，研究结论与实际情况基本一致，但是，由于企业财务风险预警的复杂性，本书还有很多地方值得进一步探讨和研究，如：

第一，在构建北京市高端装备制造业上市公司的财务预警体系的过程中，对财务指标的选取参考了国内大多学者的选取方法。但是，由于非财务指标信息许多上市公司未进行公开，信息较难获取，使本研究未能将管理层的管理水平、风险偏好等因素纳入财务指标的选取当中。因此，基于熵值法和功效系数法的财务风险预警虽然能够在一定程度上反映公司财务风险的特点，但仍需进一步完善。

第二，财务风险预警水平临界值的确定有待进一步研究。财务风险等级的划分采用普遍适用的方法，临界值的确定需要考虑不同行业和企业的实际情况。因此，从定量的角度确定预警风险水平也是未来研究工作的方向。

第五章

自动化设备类上市公司财务风险研究

近年来，在复杂环境多因素影响的背景下，自动化设备类企业受到了很大的冲击，发展出现了颓势。因此，对相关上市公司来说，非常需要准确有效的财务风险评价模型，帮助企业对自身的财务经营状况进行客观清晰的判断，以实现更高质量的发展。

第一节　自动化设备类上市公司面临的环境及财务状况

在复杂环境下，无论是从微观角度看个别企业，还是从宏观角度看整个行业，自动化设备类企业都需要明确自身优势，注意避免财务上的风险。倘若忽视了财务问题，就会让企业的发展陷入被动，甚至有濒临破产的可能性。

本章研究的目的：基于自动化设备类上市公司公开的财务数据，建立财务风险评价模型，以求准确、及时地评估企业财务状况，防控财务风险。

一、自动化设备行业面临的复杂外部环境

（一）政策环境

自动化设备制造行业是我国的基础工业，与制造业的转型和升级息息相关。在2009年以前，自动化设备制造行业自主创新能力弱，制约了行业的可持续发展和国际竞争力的提升，许多技术含量高、先进性的重大设备需要从国外大量进口。近十多年，我国陆续发布了有关扶持自动化设备制造行业的政策法规（见表5－1），从而促进了产业转型升级。

表5－1　　我国扶持自动化设备类行业的相关文件

政策/文件	发布时间	相关内容
《装备制造业调整和振兴规划》	2009年	提出将工业自动化控制系统及检测设备等高端、智能化设备作为技术进步和改造的重点之一
《关于加快培育和发展战略性新兴产业的决定》	2010年	明确提出加大培育高端设备制造业等七大战略性新兴产业
《“十二五”机械工业发展总体规划》	2011年	提出五大重点领域，高端设备制造和新兴产业设备被列为前两位
《智能制造装备产业“十二五”发展规划》	2012年	提出要大力培育和发展智能设备制造产业，到2020年，产业销售收入超过3万亿元
《“十二五”战略性新兴产业发展规划》	2012年	提出了新的目标：到2020年，力争使战略新兴产业成为国民经济和社会发展的推动力量，高端设备制造产业成为国民经济支柱产业之一
《中国制造2025》	2015年	提出“三步走”实现制造强国的战略目标

（二）经济环境

近年来，受国内外复杂环境因素的影响，我国经济发展势头有些放缓，也影响了自动化设备制造行业的发展。

（三）社会文化环境

随着我国逐渐步入老龄化社会，劳动力成本逐年上升，出现了劳动力短缺的问题。此外，市场对于高质量人才的需求也在不断扩大。这些因素迫使自动化设备制造企业开始考虑利用自动化生产设备代替人工劳动，从而使企业开始向无人化、自动化转型，以解决劳动成本过高的问题，因此为自动化设备类制造行业带来了广阔的发展前景。

二、自动化设备类上市公司的财务现状

本章研究采集到了63家自动化设备类上市企业的财务信息，如图5－1所示。其中，上市时间超过七年的有23家企业，占比约为36.5%；上市年份少于3年的企业数量则为30家，占总数量的47.6%。

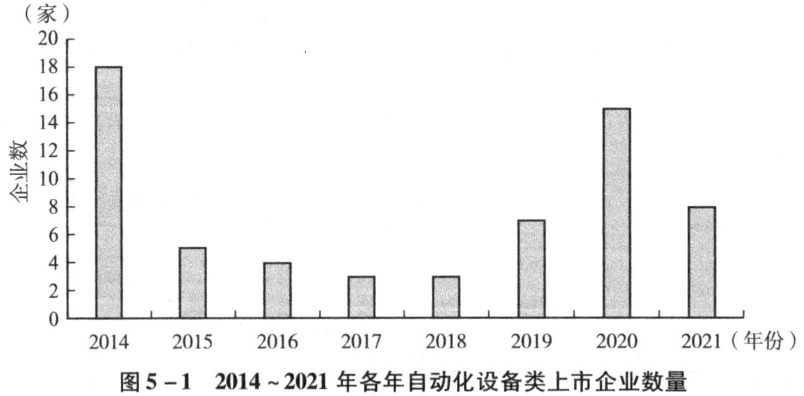

图5－1　2014～2021年各年自动化设备类上市企业数量

本章主要针对在2014年已经上市的企业对比通用设备制造业的企业绩效考核标准进行财务状况分析，上市时间在8年及以上的企业财务数据可以较为客观地反映整体自动化设备类企业的财务情况。下面主要从偿债能力、盈利能力、营运能力、发展能力这四大方面进行分析，数据选取了

2015~2020年这6年的公开数据。

（一）偿债能力分析

偿债能力是指企业是否具有充足的资金偿还债务的能力，主要体现在速动比率和资产负债率这两项指标上（见表5-2）。

表5-2　自动化设备类部分企业2015~2020年偿债能力指标

指标	证券简称	2015年	2016年	2017年	2018年	2019年	2020年
速动比率（%）	哈工智能	143.5	158.4	87.7	60.8	54.7	73.4
	华工科技	132.0	140.1	177.9	182.8	189.4	167.6
	大族激光	128.5	84.6	107.1	123.7	135.0	137.3
	海得控制	126.6	154.8	152.7	121.2	129.9	145.8
	英威腾	382.7	218.8	139.0	125.6	132.3	133.4
	新时达	138.7	105.2	119.9	131.1	138.8	154.6
	博实股份	523.5	426.8	246.4	132.1	117.5	125.6
	机器人	476.3	373.0	212.0	167.1	135.0	77.3
	合康新能	195.6	149.1	117.5	121.4	122.6	137.1
	创世纪	99.4	71.4	65.6	54.6	77.6	65.6
	智云股份	142.9	111.3	183.9	144.9	86.8	81.0
	汇川技术	260.2	197.5	191.4	182.8	148.1	168.6
	福能东方	188.0	231.4	223.0	138.1	117.7	70.4
	金运激光	112.2	151.4	106.4	129.9	139.8	71.6
	光韵达	104.2	75.8	108.8	98.0	141.6	129.1
	三丰智能	190.1	135.2	38.5	72.4	73.9	82.9
	华昌达	80.6	78.9	86.2	75.9	58.2	59.8
	劲拓股份	456.9	302.5	184.2	151.7	89.5	116.4
	企业均值	215.7	175.9	141.6	123.0	116.0	111.0
	行业均值	78.2	78.2	76.1	74.9	70.5	73.8

续表

指标	证券简称	2015年	2016年	2017年	2018年	2019年	2020年
资产负债率(%)	哈工智能	17.1	27.9	39.2	41.0	41.8	41.2
	华工科技	29.7	29.9	54.2	60.0	58.8	49.1
	大族激光	39.8	41.7	38.0	33.9	35.0	39.6
	海得控制	35.2	46.5	48.4	54.6	49.3	52.7
	英威腾	51.8	42.0	41.1	49.3	44.4	46.2
	新时达	34.4	38.7	52.5	51.2	49.2	46.0
	博实股份	13.8	15.2	24.1	38.1	41.3	40.7
	机器人	19.6	20.4	28.6	33.7	33.9	54.8
	合康新能	25.7	46.0	43.6	43.6	38.1	36.8
	创世纪	43.2	46.9	49.8	67.2	62.2	72.7
	智云股份	37.1	35.0	22.6	25.1	33.9	41.1
	汇川技术	27.9	37.5	36.7	36.7	40.0	40.9
	福能东方	23.1	33.0	35.6	55.9	53.0	55.0
	金运激光	27.5	26.4	28.7	27.5	28.7	51.1
	光韵达	36.7	42.8	33.1	33.3	35.1	38.2
	三丰智能	30.7	36.2	46.9	29.5	32.7	42.1
	华昌达	54.5	64.0	64.1	62.3	90.3	111.7
	劲拓股份	18.2	25.0	31.6	35.7	49.3	42.6
	企业均值	31.4	36.4	39.9	43.3	45.4	50.1
	行业均值	60.0	60.0	60.0	59.5	59.0	58.6

1. 速动比率

速动比率是衡量企业短期偿债能力的重要指标。18家公司在该项指标上的平均值不仅远高于通用设备制造业的行业平均值，也在2017年之前高于行业内的优秀值。但是，由于行业整体速动比率呈下降趋势，在2018年之后整体的企业速动比率平均值低于行业优秀值。在2015年，18家企业的速动比率均在行业平均值之上，且只有6家企业低于行业优秀值。但是，从2016年开始，出现了2家企业在该项指标上低于行业平均值，在2020年这一数量进一步扩大，变成了5家公司。

此外，以博实股份、机器人、英威腾等上市公司为代表，有大量公司在该项指标上表现出较为明显的下降趋势，这3家企业的速动比率更是出现了超过50%的降幅；只有光韵达等极为少量企业的速动比率在过去6年间维持了平稳、小幅的增长趋势。

合适的速动比率说明企业在具有一定偿还流动债务能力的同时，还有着较为合理的流动资产结构。2015~2020年，尽管自动化设备类企业在该项指标上维持在较为合理的区间，但是在这6年间存在着普遍下降的趋势，说明了自动化设备类企业短期偿债能力出现了普遍弱化的现象，各家企业应该高度重视自身的财务状况。

2. 资产负债率

资产负债率是综合评价企业偿债能力的指标。18家自动化设备类企业在该项指标上同样维持着一个优于行业指标的情况。而且，整体上呈现出上升的趋势，即从2015年的31.4%逐年上涨到2020年的50.1%，资产负债率每年涨幅明显。值得注意的是，绝大多数企业始终保持在行业均值以下，但有两家企业超过了行业均值，其中华昌达更是在2019年突破了行业较差值，资产负债率达到了100%左右。

资产负债率越低，说明企业偿还长期债务的能力越强。18家企业普遍都在行业平均值之下，说明整个自动化设备类企业普遍具有相对强劲的长期偿债能力，表明投资风险相对可控，企业经营稳健安全。但是，资产负债率整体上涨的趋势说明近年受诸多复杂环境因素的影响，长期偿债能力有所下降。另外，值得注意的是，有两家企业的资产负债率居高不下，说明整个行业有陷入财务风险的可能。

（二）盈利能力分析

盈利能力是指企业在原有资本的基础上，是否能够充分运用原有资本，给企业带来收益。主要通过净资产收益率、营业利润率、总资产报酬率这三项指标来分析自动化设备类上市企业的盈利能力（见表5-3）。

表 5-3　自动化设备类部分企业 2015~2020 年盈利能力指标

指标	证券简称	2015 年	2016 年	2017 年	2018 年	2019 年	2020 年
净资产收益率（%）	哈工智能	0.7	-27.5	7.1	6.9	2.6	0.4
	华工科技	5.1	7.6	7.5	4.9	8.2	8.4
	大族激光	16.2	14.4	26.7	21.7	7.0	10.4
	海得控制	9.8	2.5	2.7	-13.8	5.9	13.3
	英威腾	9.3	3.7	11.1	9.0	-24.7	4.8
	新时达	8.9	6.8	4.8	-9.5	1.9	2.9
	博实股份	10.3	5.9	6.2	7.9	14.5	18.5
	机器人	11.1	7.7	7.6	7.4	4.5	-6.8
	合康新能	3.3	8.6	2.1	-11.3	-0.5	-31.7
	创世纪	-14.6	2.6	8.6	-68.5	0.3	-28.7
	智云股份	6.7	6.5	10.1	6.1	-43.8	2.9
	汇川技术	21.0	21.1	20.4	19.7	13.1	21.9
	福能东方	4.7	4.6	4.0	-65.9	-19.3	1.7
	金运激光	-4.8	1.7	-14.4	3.1	6.0	-23.3
	光韵达	6.4	3.5	10.6	9.2	8.7	12.2
	三丰智能	3.9	2.7	4.2	7.9	7.5	-44.0
	华昌达	7.1	7.6	4.1	1.5	-153.7	-6056.8
	劲拓股份	8.5	12.8	17.5	16.6	3.7	20.1
	企业均值	6.3	5.2	7.8	-2.6	-8.8	-337.4
	行业均值	7.5	7	5.4	3.1	4	4.2
营业利润率（%）	哈工智能	1.6	-64.7	9.3	8.3	0.3	-3.1
	华工科技	3.9	5.3	8.5	6.6	10.7	10.3
	大族激光	11.0	9.9	16.2	16.8	7.0	8.7
	海得控制	4.1	0.0	1.6	-8.7	4.8	8.5
	英威腾	10.4	1.7	10.5	9.7	-15.5	4.3
	新时达	9.8	6.1	5.9	-6.8	2.9	3.7
	博实股份	23.6	15.3	17.9	20.4	26.3	30.5

续表

指标	证券简称	2015 年	2016 年	2017 年	2018 年	2019 年	2020 年
营业利润率（%）	机器人	19.4	15.7	18.5	17.0	11.6	-18.3
	合康新能	6.3	11.1	2.9	-21.0	1.8	-48.6
	创世纪	-14.7	3.2	8.5	-50.9	1.2	-18.2
	智云股份	14.7	15.5	22.0	14.9	-239.1	4.0
	汇川技术	26.2	22.7	24.8	21.8	14.2	20.4
	福能东方	8.9	7.1	16.9	-234.5	-50.7	3.2
	金运激光	-11.3	2.6	-27.9	4.6	7.3	-32.0
	光韵达	11.4	3.6	12.2	13.4	11.2	18.7
	三丰智能	5.9	2.8	10.7	14.8	15.8	-113.3
	华昌达	6.5	6.0	3.7	2.2	-62.1	-33.5
	劲拓股份	10.5	13.4	19.5	17.9	3.8	15.9
	企业均值	8.2	4.3	10.1	-8.5	-13.8	-7.7
	行业均值	11.7	12.3	7.2	2.6	3.9	4.6
总资产报酬率（%）	哈工智能	1.0	-19.0	5.1	5.6	2.2	1.7
	华工科技	3.9	5.3	5.4	4.4	6.6	6.4
	大族激光	11.4	9.7	14.6	12.4	4.7	6.0
	海得控制	5.8	1.6	2.2	-5.5	5.9	9.4
	英威腾	8.5	3.1	7.8	6.8	14.0	4.0
	新时达	7.3	5.7	3.8	-2.1	3.1	3.7
	博实股份	9.7	5.7	5.7	6.1	10.3	12.9
	机器人	9.5	7.1	6.5	6.6	4.1	-4.0
	合康新能	2.8	6.4	1.0	-4.6	1.2	-18.6
	创世纪	-8.0	2.3	5.3	-27.6	2.1	-6.9
	智云股份	5.2	5.1	8.7	6.0	-31.8	2.6
	汇川技术	17.1	15.0	14.1	13.4	8.9	14.4
	福能东方	4.2	4.0	4.1	-35.4	-7.2	2.2
	金运激光	-3.9	1.4	-12.7	3.0	4.7	-14.7

续表

指标	证券简称	2015 年	2016 年	2017 年	2018 年	2019 年	2020 年
总资产报酬率（%）	光韵达	4.8	2.8	7.6	7.9	7.4	9.7
	三丰智能	3.2	1.7	2.8	5.7	5.9	-27.9
	华昌达	4.5	3.7	2.3	3.1	-37.2	-17.0
	劲拓股份	8.0	11.5	14.1	12.7	2.1	12.7
	企业均值	5.3	4.1	5.5	1.0	-1.2	-0.2
	行业均值	4.3	4.0	3.0	1.9	3.0	3.2

1. 净资产收益率

可以看出，18 家自动化设备类上市企业的净资产收益率在 2015～2017 年这 3 年间维持在一个较为合理的区间。尽管只有 2017 年在行业平均值之上，但是并未跌破行业较差值。在 2018 年之后，由于几家企业的净资产收益率出现极大的降幅，从统计学上拉低了整体的平均值。华昌达企业在 2020 年高达 -6056.8% 的净资产收益率，导致 18 家企业在 2020 年整体的平均值降到 -337.4%。

18 家企业中只有 2 家企业的净资产收益率维持在行业平均值上下，其余绝大多数企业在该项指标上都出现了十分明显的波动。大族激光是仅有的一家始终维持在行业平均值，且有 5 年达到优秀值的企业。很多企业在 2018 年之前维持在相对平稳的指标范围内，但是在 2018 年出现了非常明显的降幅。部分企业通过自身的运营，在之后的两年中逐渐扭转了下降的颓势，但同样有很多企业的净资产收益率持续走低。

净资产是评价企业经营效益的核心指标，可以充分反映投资与报酬的关系。18 家自动化设备类企业在 2018 年之前都有着相对较好的收益能力，在整体行业中处于中段水平。但是，在 2018 年之后行业整体出现了巨大的变动，获取收益的能力急剧下降。数字的变化直观且真实地反映了外部环境的变化对我国企业造成的巨大影响。虽然有部分企业通过自身的战略调整，扭转了颓势，但是仍有相当数量的企业资本运营的综合效益出现了问题。此时是否出现了财务上的风险，便需要准确的评价模型予以分析。

2. 营业利润率

可以看出，18 家企业的营业利润率在 2015～2017 年围绕行业平均值上下波动。但随着 2018 年行业整体营业利润率的下降，18 家企业的平均值也来到了负值，这也使得 2017 年成为唯一一年企业均值高于行业平均值的年份。这 18 家自动化设备类企业在 2015～2020 年的营业利润率主要在 -20%～20% 区间内波动，以博实股份为首的极少数企业能够维持高于行业均值，达到优秀值的营业利润率。但是，绝大多数企业在这 6 年间都出现了不同程度的亏损。在 2018 年之前每年仅有 1～2 家企业出现负营业利润率，但是在 2018 年之后每年负营业利润率的企业数量上升至 5 家以上，并且出现了营业利润率巨幅下降的情况，例如智云股份、福能东方、三丰智能这 3 家企业在 2018～2020 年期间都出现过 -100% 以上的亏损。值得注意的是，哈工智能在 2016 年同样出现过亏损，但是通过自身战略的调整，在之后几年中基本保持在行业均值之上的水平。

营业利润率表示着企业通过自身的经营活动获取利润的情况，是企业收入的重要来源。统计数据中的前 3 年间，尽管企业平均值在行业均值上下波动，但是都保持着正向盈利。但是，2018 年之后大多数企业营业利润率出现了不同程度的下降，说明了企业获利能力的下降，反映出企业在成本控制、费用管理、产品营销和经营策略等方面出现了严重的问题，需要及时进行调整。像哈工智能和博实股份这样，在整个自动化设备类企业发生动荡之时依旧能够稳住自身营业利润率的企业，其应对复杂环境影响的管控方法值得深入地分析与研究。

3. 总资产报酬率

可以看出，18 家企业的总资产报酬率在统计时间的前四年都维持在通用设备制造业行业平均值之上。但在 2019～2020 年，企业均值不仅低于了行业平均值，更是转为负值。在 18 家自动化设备类企业中，除了像仁川技术、博实股份、大族激光等少部分企业始终保持正值，并在相当部分时间内高于行业平均值，大多数企业在 2015～2020 年间在行业平均值上下波动。但是，也同样存在像创世纪、福能东方这样的企业出现超过 20% 的负总资产报酬率，从统计学上影响了企业整体的平均值。如此情况说明自动化设备类企业在该项指标上具有很大的差异性。

（三）营运能力分析

良好的营运能力可以降低乃至避免营运风险对企业造成的影响，其主要可以通过总资产周转率和流动资产周转率来表现（见表5－4）。

表5－4　自动化设备类部分企业2015～2020年营运能力指标

指标	证券简称	2015年	2016年	2017年	2018年	2019年	2020年
流动资产周转率（%）	哈工智能	0.5	0.4	0.8	1.0	0.7	0.6
	华工科技	0.9	1.0	0.9	0.8	0.8	0.8
	大族激光	1.2	1.4	1.6	1.0	0.8	0.9
	海得控制	1.3	1.1	1.3	1.1	1.4	1.4
	英威腾	0.8	0.8	1.0	1.0	1.1	1.2
	新时达	0.8	1.2	1.1	0.8	0.8	1.0
	博实股份	0.4	0.4	0.4	0.4	0.5	0.5
	机器人	0.4	0.4	0.4	0.5	0.4	0.4
	合康新能	0.5	0.6	0.6	0.5	0.6	0.7
	创世纪	1.0	1.0	1.0	0.9	1.2	0.8
	智云股份	0.6	0.6	0.7	0.7	0.3	1.1
	汇川技术	0.6	0.7	0.7	0.8	0.9	1.0
	福能东方	0.5	0.6	0.4	0.2	0.2	0.3
	金运激光	0.7	0.7	0.7	1.0	1.0	0.8
	光韵达	1.1	1.4	1.6	1.4	1.3	1.1
	三丰智能	0.5	0.5	0.5	0.8	0.8	0.4
	华昌达	1.1	1.0	1.1	1.0	0.7	0.9
	劲拓股份	0.7	0.7	0.9	1.0	0.8	1.2
	企业均值	0.8	0.8	0.9	0.8	0.8	0.8
	行业均值	0.9	0.7	0.7	0.7	0.7	0.8

续表

指标	证券简称	2015 年	2016 年	2017 年	2018 年	2019 年	2020 年
总资产周转率（%）	哈工智能	0.3	0.3	0.5	0.6	0.4	0.3
	华工科技	0.5	0.6	0.6	0.6	0.6	0.6
	大族激光	0.8	0.8	0.9	0.7	0.5	0.6
	海得控制	1.0	0.9	1.0	0.8	1.0	1.0
	英威腾	0.6	0.6	0.7	0.7	0.7	0.8
	新时达	0.5	0.7	0.6	0.5	0.5	0.6
	博实股份	0.4	0.3	0.3	0.3	0.4	0.4
	机器人	0.3	0.3	0.3	0.3	0.3	0.3
	合康新能	0.3	0.3	0.3	0.3	0.3	0.4
	创世纪	0.6	0.6	0.6	0.6	0.7	0.5
	智云股份	0.3	0.3	0.4	0.4	0.1	0.6
	汇川技术	0.5	0.5	0.6	0.6	0.6	0.7
	福能东方	0.3	0.3	0.2	0.2	0.2	0.2
	金运激光	0.4	0.4	0.5	0.6	0.6	0.5
	光韵达	0.4	0.5	0.6	0.5	0.5	0.5
	三丰智能	0.4	0.4	0.2	0.4	0.4	0.2
	华昌达	0.7	0.6	0.7	0.6	0.4	0.6
	劲拓股份	0.6	0.6	0.7	0.7	0.5	0.8
	企业均值	0.5	0.5	0.5	0.5	0.5	0.5
	行业均值	0.7	0.6	0.5	0.5	0.5	0.5

1. 流动资产周转率

流动资产周转率反映了一个企业对于流动资产的利用能力。可以看出，自 2016 年之后，18 家自动化设备类企业在该项指标上的均值略微高于通用设备制造业的行业平均值，说明 18 家企业对流动资本的应用普遍较好。其中，约 30% 的企业可以在统计的 6 年间基本保持高于行业均值的水平，同时仅有 4 家企业始终低于行业平均值。18 家企业在这项指标上出现了多样的变化趋势：既有像英威腾这样始终保持增长的企业，也有像智云股份这样在某一年份骤降，但于次年扭转的企业，同样也有像福能东方这样低于行业较差值的公司。

2. 总资产周转率

总资产周转率是综合评价企业全部资产经营状况和利用情况的关键指标。可以看出，18 家企业的平均值在 2015～2016 年略低于行业平均值，在 2017～2020 年与行业均值相等。这说明整个自动化设备类企业整体经营效率处于行业平均水平，资产流转速度有待提升。和均值变化类似，大多数企业在 2017 年后都能保持在通用设备制造业的行业平均值之上。但是，也有近三分之一的企业在该项指标上始终低于行业均值，并且各个企业的变化趋势也呈现多元化的特点。

（四）发展能力分析

发展能力是指企业拓展新市场，扩大自身体量，保证在未来依旧有稳定营业收入的能力。发展能力代表着一个企业成长的速度，企业应当制定合适的发展战略，保证自身处于合适的发展速度之中，而不应因为投入过多资源导致自身财务状况出现问题（见表 5－5）。

表 5－5　自动化设备类部分企业 2015～2020 年发展能力指标

指标	证券简称	2015 年	2016 年	2017 年	2018 年	2019 年	2020 年
营业利润增长率（%）	哈工智能	－93.0	－2917.6	－130.9	34.8	－96.9	－927.0
	华工科技	－32.3	70.3	117.4	－9.6	70.6	7.9
	大族激光	－7.5	12.5	170.1	－0.7	－63.9	54.5
	海得控制	37.1	－99.2	5447.2	－550.5	－166.6	95.8
	英威腾	－13.8	－80.3	905.7	－3.8	－261.4	－128.5
	新时达	－18.9	11.8	21.1	－219.4	－142.4	44.7
	博实股份	－2.3	－43.4	47.4	32.1	105.1	45.3
	机器人	7.7	－2.6	42.5	15.8	－39.6	－253.2
	合康新能	54.0	208.2	－74.9	－741.1	－109.3	－2695.2

续表

指标	证券简称	2015 年	2016 年	2017 年	2018 年	2019 年	2020 年
营业利润增长率（%）	创世纪	-760.7	-131.4	233.3	-610.5	-102.3	-1098.4
	智云股份	183.7	50.5	115.7	-27.5	-597.9	-106.5
	汇川技术	17.5	14.8	42.4	8.3	-18.4	124.2
	福能东方	-445.5	13.8	105.0	-875.1	-83.1	-113.8
	金运激光	-1573.5	-123.2	-1177.6	-119.0	64.2	-492.6
	光韵达	-22.8	-56.1	458.3	23.9	13.9	87.4
	三丰智能	-27.6	-55.2	634.2	294.4	16.0	-531.4
	华昌达	128.7	19.8	-17.9	-44.8	-1705.0	-45.6
	劲拓股份	-5.0	62.9	111.5	13.7	-82.1	643.2
	企业均值	-143.0	-169.1	391.7	-154.4	-177.7	-293.9
	行业均值	16.6	0.3	-0.1	2.5	3.2	3.7
资本保值增值率（%）	哈工智能	99.7	75.7	107.1	106.8	103.7	136.7
	华工科技	104.4	108.0	163.4	109.1	107.7	107.0
	大族激光	113.7	113.0	131.3	118.0	105.6	111.2
	海得控制	105.6	133.8	101.6	84.7	104.4	112.3
	英威腾	109.2	110.4	105.1	102.8	77.4	107.6
	新时达	109.7	121.4	109.5	108.8	99.8	101.4
	博实股份	107.9	107.8	105.3	106.1	111.3	114.4
	机器人	265.6	106.7	106.7	104.9	104.2	74.2
	合康新能	148.9	106.5	99.3	88.6	99.3	70.7
	创世纪	333.7	102.8	109.5	49.3	100.2	74.7
	智云股份	266.1	107.1	147.5	99.1	62.3	112.9
	汇川技术	117.7	116.1	114.9	114.1	136.8	123.3
	福能东方	104.8	103.2	102.7	50.1	82.4	232.6
	金运激光	112.7	100.5	73.1	102.9	105.8	81.2
	光韵达	101.2	103.2	180.1	108.5	147.5	107.8
	三丰智能	104.5	102.1	385.9	148.5	103.3	63.6
	华昌达	107.2	106.6	104.2	104.6	17.1	-106.6

续表

指标	证券简称	2015 年	2016 年	2017 年	2018 年	2019 年	2020 年
资本保值增值率（%）	劲拓股份	106.6	112.0	115.3	121.8	89.9	125.2
	企业均值	140.0	107.6	131.3	101.6	97.7	97.2
	行业均值	105.7	105.4	101.4	101.0	102.9	103.9
总资产增长率（%）	哈工智能	-15.4	-24.1	63.9	22.3	0.9	10.6
	华工科技	6.7	11.6	53.5	2.3	9.6	15.2
	大族激光	5.4	36.8	36.0	34.3	-5.6	19.3
	海得控制	25.2	11.2	0.1	-1.6	-4.8	16.1
	英威腾	11.7	26.9	24.6	6.0	-21.6	6.5
	新时达	37.9	30.0	41.1	6.0	-4.2	-4.6
	博实股份	0.6	9.6	17.6	30.0	17.4	13.3
	机器人	102.5	7.8	19.0	13.0	4.4	8.4
	合康新能	60.9	46.4	-4.9	-11.4	-9.6	-30.8
	创世纪	133.2	9.9	16.0	-24.8	-12.9	3.4
	智云股份	262.2	3.7	23.9	2.4	-29.4	26.7
	汇川技术	27.3	34.1	13.5	14.2	44.1	25.3
	福能东方	5.0	18.5	6.8	-26.8	-22.6	142.9
	金运激光	11.5	-1.0	-24.6	1.2	7.7	18.3
	光韵达	2.9	14.2	53.9	8.8	51.8	13.1
	三丰智能	10.4	10.9	363.5	11.8	8.2	-26.0
	华昌达	64.4	34.7	4.6	-0.6	-33.4	-11.9
	劲拓股份	2.5	22.1	26.5	29.6	14.0	10.5
	企业均值	41.9	16.9	40.8	6.5	0.8	14.2
	行业均值	9.1	8.7	7.0	5.3	4.9	4.9

1. 营业利润增长率

营业利润增长率反映了企业营业利润的增减变动情况。可以看出，企业在这项指标上变化剧烈。除了 2017 年高于行业平均值，其他时间均远低于行业平均值，并且都为负值。这样的结果是因为 18 家企业基本没有在这6年期间保持相对稳定的变化趋势，每年都有企业出现大幅的营业利润增长率变化，影响到了每年的平均值。这反映了自动化设备类行业可能达到了行业发展的瓶颈期，基本没有企业能够保持稳定的营业利润增长。进一步说明在复杂环境的影响下，企业的利润来源的不稳定，需要对自身的财务状况有及时准确的认识。

2. 资本保值增值率

资本保值增值率反映了企业资本的安全状况与运营效益。可以看出，18家企业在2019年之前都保持在行业平均值之上，甚至在2015年和2017年都达到了行业优秀的水平。但是，在2019～2020年，企业均值降到了行业均值之下。这样的变化说明了企业在近年间发展速度有所下降，企业资本的保全性降低，所有者权益的增长速度减缓。18家企业整体的变化趋势和行业均值相差不大，但是也有3家企业在不同时间出现了大幅的变化。

3. 总资产增长率

总资产增长率是衡量一个企业当年发展能力和资本积累能力的主要指标。可以看出，18家企业的平均值基本高于行业均值，仅在2019年低于行业均值。但是，与前两个指标类似，存在个别企业在某些时间有远高于其他企业的情况。这意味着自动化设备类企业可以通过自身的战略部署实现资本的累积，促进自身发展。

（五）自动化设备类上市公司财务现状总结

本小节对18家具有8年以上上市经历的自动化设备类企业的财务状况进行了综合研究，从偿债能力、盈利能力、营运能力和发展能力四个方面共10项指标，对自动化设备类企业整体的财务状况有了较为客观清晰的认知，同时也为后续评价模型的建立打下了一定的基础。

从偿债能力的角度讲，18家企业普遍都有着不错的短期和长期的偿债能力，企业均值始终高于行业的平均值，根据企业绩效考核标准，基本达到了优秀的水平。这虽然说明自动化设备类企业债务隐患较小，但是整体负债趋势是在增长的，并且涨幅明显。

从盈利角度看，在2018年之前，行业整体保持在平均值上下，大多数企业都有相对稳定的盈利能力。但在2018年之后18家企业的指标均值出现了严重的下降，同时各年负指标企业的数量大幅上涨，部分企业甚至出现了断崖式的下降。这说明18家企业在2018年之后普遍出现了盈利方面的问题。

营运能力是评价企业日常经营的重要方面，本节主要从流动资产周转率和总资产周转率这两个方面进行了分析。18家自动化设备类企业在这两个指标上都处于通用设备制造业的平均水平，流转速度有待提升，需要警惕由于流转速度较慢带来的各种财务问题。在两项指标中，各家企业出现了不同的变化趋势，这为之后财务风险评价模型的建立与后续的分析都提供了较为充分的材料。

通过18家自动化设备类企业在3项发展能力指标上的分析，可以认为自动化设备类企业自身发展陷入了瓶颈期，但是存在部分企业通过调整自身的经营管理策略，在一定程度上突破了发展的瓶颈。

综上所述，受复杂环境的影响，自动化设备类的部分企业已经出现了不同程度的财务困境，需要更加精确的评价模型进行更深的了解，以便企业及时作出针对性的调整。而单一的指标乃至某一方面的数据都不足以描述整体的财务状况，因此行之有效的财务风险评价模型极为需要。

第二节　自动化设备类上市公司财务风险评价模型构建

一、财务风险模型的建立

（一）财务指标的选取与分析

本章从偿债能力、盈利能力、营运能力、发展能力这四个方面着手，选择相关的评价指标。各个指标之间或许存在较强的关联性，为了规避这样的干扰，本章首先采用皮尔逊相关性分析过滤掉不合适的指标，保留其中相关性较低的指标进行分析。

财务指标之间的相关性是客观的，因此采用全部63家自动化设备类企业的财务数据进行分析，可以大大提升结果的准确性从而得到适用性更强的评价指标。

1. 偿债能力指标的选取

常用的描述偿债能力的指标有流动比率、速动比率和资产负债率。通过63家自动化设备类企业在这三项指标上的相关性分析，进一步确定主要采用的指标。皮尔逊相关性分析结果如表5-6所示：

表5-6　　自动化设备类公司偿债能力指标均值皮尔逊分析

皮尔逊相关性	流动比率	速动比率	资产负债率
流动比率	1	0.999	-0.961
速动比率	0.999	1	-0.954
资产负债率	-0.961	-0.954	1

从表5-6可以看出，流动比率与速动比率相关性系数高达0.999，具有极高的相关性。两者的差别主要在偿还债务的时间节点不同。因为速动比率更能表现一个企业的偿债能力，所以选择速动比率。

尽管资产负债率与二者的关联性也较高，但从理论上讲，资产负债率反映的是企业长期的偿债能力，可以从多个方面反映企业的偿债能力，因此最终选择速动比率与资产负债率作为偿债能力指标。

2. 盈利能力指标选取

净资产收益率、总资产报酬率、营业利润率是常用的盈利能力指标。本章选取这三个指标进行相关性分析，然后选定评价指标，分析结果如表5-7所示：

表 5-7　自动化设备类公司盈利能力指标均值皮尔逊分析

皮尔逊相关性	净资产收益率	总资产报酬率	营业利润率
净资产收益率	1	-0.399	-0.273
总资产报酬率	-0.399	1	0.987
营业利润率	-0.273	0.987	1

由表 5-7 可以看出，总资产报酬率与营业利润率相关性为 0.987，具有很高的相关性，但营业利润率反应的企业管理者通过经营获取利润的能力，相对前者有很大的局限性，因此选择更有综合性的总资产报酬率作为财务风险评价指标，舍弃营业利润率指标。最终，选择总资产报酬率和净资产收益率作为盈利能力的评价指标。

3. 营运能力指标选取

总资产周转率、流动资产周转率、应收账款周转率、存货周转率等是常用的描述营运能力的指标，选择这四个财务指标进行相关性分析，分析结果如表 5-8 所示：

表 5-8　自动化设备类公司营运能力指标均值皮尔逊分析

皮尔逊相关性	流动资产周转率	总资产周转率	应收账款周转率	存货周转率
流动资产周转率	1	0.958	-0.692	0.713
总资产周转率	0.958	1	-0.535	0.688
应收账款周转率	-0.692	-0.535	1	-0.126
存货周转率	0.713	0.688	-0.126	1

由表 5-8 可以看出，流动资产周转率与总资产周转率具有很高的相关性，但前者代表着企业对流动资产的利用情况，而后者则表示的是企业对于所有资产的利用情况。因此，选取更加全面综合的总资产周转率作为营运能力指标。此外，其他指标相关性都不高。因此，最后择定总资产周转率，应收账款周转率，存货周转率作为营运能力评价指标。

4. 营运能力指标选取

常用的发展能力指标有资本保值增值率、营业利润增长率、总资产增长率、主营业务增长率等。本章选取这4个指标进行相关性分析，然后选定评价指标，分析结果如表5－9所示：

表5－9　自动化设备类公司发展能力指标均值皮尔逊分析

皮尔逊相关性	资本增值保值率	营业利润增长率	总资产增长率	主营业务增长率
资本增值保值率	1	0.584	0.954	－0.243
营业利润增长率	0.584	1	0.609	－0.412
总资产增长率	0.954	0.609	1	0.965
主营业务增长率	－0.243	－0.412	0.965	1

由表5－9可以看出，总资产增长率与资本增值保值率相关系数为0.954，与主营业务增长率相关系数为0.965，都具有很高的相关性。但与营业利润增长率的相关性较弱，因此保留总资产增长率与营业利润增长率这两项指标。

综上所述，本章为自动化设备类构建的财务风险评价指标体系如表5－10所示：

表5－10　财务风险评价指标体系

风险组	指标	说明
偿债风险	速动比率	反映企业短期内偿债能力
	资产负债率	反映企业对债权人的保障程度
盈利风险	总资产报酬率	反映企业运用全部资产的总体获利能力
	净资产收益率	反映企业运营资本的能力
营运风险	总资产周转率	反映企业整体资产的营运能力
	应收账款周转率	反映企业应收账款的周转速度及管理效率
	存货周转率	反映企业存货的变现能力

续表

风险组	指标	说明
发展风险	营业利润增长率	反映企业营业利润的增减变动情况
	总资产增长率	反映企业资产规模的增长情况

（二）功效系数法指标权重的确定

表5－10中的这9项财务指标在整个指标体系中所占的权重是有所差异的。本章的权重分配主要参照国资委颁布的《中央企业综合绩效评价实施细则》中的权重表，如表5－11所示，该权重数据是通过对国企相关资料的统计分析，并采用一定的方法进行计算编制得到的，该权重主要是对财务指标赋权，具有一定的普适性。本章在此基础之上，根据上一节选取的指标对各权重进行调整，以更适合自动化设备类企业，表5－12为调整之后的各指标权重。

表5－11　　企业综合绩效评级指标及权重表

评价内容与权数		基本指标	权数	修正指标	权数
盈利能力状况	34	净资产收益率 总资产报酬率	20 14	营业利润率 盈余现金保障倍数 成本费用利润 资本收益率	10 9 8 7
资产质量状况	22	总资产周转率 应收账款周转率	10 12	不良资产比率 流动资产周转率 资产现金回收率	9 7 6
债务风险状况	22	资产负债率 已获利息倍数	12 10	速动比率 现金流动负债比率 带息负债比率 或有负债比率	6 6 5 5
经营增长状况	22	营业增长率 资本增值保值率	12 10	营业利润增长率 总资产增长率 技术投入比率	10 7 5

表 5 – 12　　财务指标权重分配表

风险组	总权数（100%）	单项评价指标	单项权重（100%）
偿债风险	22	速动比率	12.64
		资产负债率	9.36
盈利风险	34	总资产报酬率	16.65
		营业利润率	17.35
营运风险	22	总资产周转率	9.21
		应收账款周转率	5.36
		存货周转率	7.43
发展风险	22	营业利润增长率	12.95
		总资产增长率	9.05

(三) 标准值的确定

自动化设备类企业可以算是通用设备制造业，财务风险评价指标评价标准主要参考的是由国务院国资委财务监督与考核评价局在 2015 ~ 2021 年发布的《企业绩效评价标准值》。该标准在历年报告中比较准确地显示了通用设备制造业的行业数据，每项指标都划分了 5 个等级，这样就方便企业与行业内的取值情况进行对比。表 5 – 13 为通用设备制造企业绩效考核评价标准值：

表 5 – 13　　通用设备制造企业绩效评价标准值

项目	优秀值	良好值	平均值	较低值	较差值
速动比率（%）	129.1	107.6	78.2	54	30.7
资产负债率（%）	50.0	55.0	60.0	70.0	85.0
销售（营业）利润率（%）	24.5	19.7	11.7	9.4	2.3
总资产报酬率（%）	8.5	6.6	4.3	0.5	–4.8
总资产周转率（次）	1.5	0.9	0.7	0.5	0.3

续表

项目	优秀值	良好值	平均值	较低值	较差值
应收账款周转率（次）	11.4	7.1	3.9	2.6	2
存货周转率（次）	7.3	4.4	2.6	1.9	1.3
销售（营业）利润增长率（%）	30.1	21.8	13.1	1.1	-7.4
总资产增长率（%）	19.1	14.4	9.1	-3.3	-13.3

（四）财务风险等级的划分

经过功效系数法计算得到的财务风险总评分是一个考虑到时间因素的客观值，因此可以依托国务院国资委发布的《中央企业综合绩效评价实施细则》，对所得结果进行分级评价，最终得到一个更为直观的评价结论，便于企业管理者了解财务情况，如表5-14所示：

表5-14　　自动化设备类企业财务评价值区间

指数区间	风险等级	风险等级说明
[85，100]	优秀	企业运营情况良好，基本没有财务风险
[70，85)	正常	企业正常运营，财务稳定，个别财务数据异常，财务风险较小
[50，70)	一般	企业运转过程出现问题，财务情况不稳定，容易出现财务风险
[30，50)	较差	企业运营比较困难，有较大的财务问题，大部分指标不正常，发生财务风险可能性较大
[0，30)	很差	公司运营非常困难，财务问题巨大，企业面临破产危险

二、财务风险评价模型的应用与分析

进一步地，在确定好指标、权重、标准值与评价区间之后，将该风险评价模型应用在收集到的自动化设备类企业之中。由于缺少公司上市前的财务数据，因此针对上市之后的次年开始评价，其结果如表5-15所示：

表 5－15　自动化设备类上市公司财务风险评价结果

证券代码	证券简称	2015 年	2016 年	2017 年	2018 年	2019 年	2020 年	2021 年
688686. SH	奥普特							92. 5394136
688698. SH	伟创电气							95. 8349742
688777. SH	中控技术							88. 6670725
000584. SZ	哈工智能	43. 6504441	38. 7627424	66. 6621886	78. 2927096	46. 4047429	47. 7381582	40. 9722836
000988. SZ	华工科技	56. 7377259	76. 3249287	86. 3488589	76. 4906109	88. 6903008	85. 0372304	96. 5709077
002008. SZ	大族激光	68. 3479349	78. 6210826	90. 9865894	86. 0603606	64. 3843131	83. 7706739	88. 8851897
002184. SZ	海得控制	75. 7313842	57. 7752792	72. 8757519	48. 7019812	70. 5384668	92. 2030126	94. 389204
002334. SZ	英威腾	70. 7391304	62. 1494907	90. 0849696	81. 8370183	39. 3106256	66. 6876319	92. 220428
002527. SZ	新时达	67. 5932549	75. 768663	78. 7833056	53. 5843954	60. 8397827	76. 6846284	85. 1720275
002698. SZ	博实股份	72. 9236903	63. 7814601	85. 448952	89. 8029266	90. 0164688	89. 7472593	85. 6038824
002747. SZ	埃斯顿		80. 5200404	84. 508465	83. 0428477	58. 2982958	75. 5136494	78. 9139592
002957. SZ	科瑞技术						90. 3767299	69. 609549
002975. SZ	博杰股份							81. 2859712
002979. SZ	雷赛智能							95. 0407937
300024. SZ	机器人	79. 6480505	75. 7369316	88. 2778945	89. 3917548	64. 6584341	36. 6088448	46. 848421
300048. SZ	合康新能	67. 3633457	79. 692147	52. 6632631	42. 8221826	54. 3081776	35. 1794018	61. 0819538
300083. SZ	创世纪	44. 7895242	52. 4214884	77. 4175526	25. 1147337	47. 8617098	27. 9012867	70. 3559726
300097. SZ	智云股份	78. 5103	73. 7614444	92. 0062415	74. 8371472	27. 553306	59. 244814	26. 2959804
300124. SZ	汇川技术	91. 3476	92. 7452517	94. 4564863	92. 7938753	84. 1065996	95. 5313153	96. 5160126
300173. SZ	福能东方	55. 7618041	74. 2703846	82. 4193722	29. 0516607	28. 8999196	49. 6291348	28. 1702515
300220. SZ	金运激光	42. 674623	53. 5661505	35. 0460387	66. 8891449	82. 436828	37. 0192673	38. 0087908
300227. SZ	光韵达	60. 9466242	56. 6414399	90. 1485676	89. 2934485	91. 2522569	93. 7178782	79. 8958634
300276. SZ	三丰智能	52. 9586483	52. 897869	68. 2558841	85. 0457824	80. 4032935	28. 9185826	61. 9774538
300278. SZ	华昌达	69. 4314221	65. 6286398	54. 0122644	54. 4139509	20. 7259577	25. 0619314	75. 7788614
300400. SZ	劲拓股份	68. 5985704	87. 9821876	94. 3529863	94. 1924309	58. 729374	89. 0076381	77. 3855246
300461. SZ	田中精机		63. 579655	73. 3000833	37. 5950154	34. 0560925	61. 4576892	66. 652106
300484. SZ	蓝海华腾			86. 945739	63. 1866444	34. 6450218	74. 1583209	86. 6186366
300486. SZ	东杰智能		36. 2964835	61. 815783	82. 040247	82. 9257956	78. 2878979	68. 9792694

续表

证券代码	证券简称	2015 年	2016 年	2017 年	2018 年	2019 年	2020 年	2021 年
300607. SZ	拓斯达				95. 6462599	92. 3926592	94. 478872	57. 7873116
300747. SZ	锐科激光					83. 911428	85. 9747753	96. 100944
300757. SZ	罗博特科						34. 7482255	51. 7451901
300802. SZ	矩子科技						84. 8149569	89. 1797023
300853. SZ	申昊科技							94. 0568691
301021. SZ	英诺激光							
301029. SZ	怡合达							
301199. SZ	迈赫股份							
603015. SH	弘讯科技		63. 873088	85. 0356906	68. 4551035	64. 986944	80. 6190035	91. 8445714
603025. SH	大豪科技		92. 881624	97. 8897639	84. 3176245	79. 1455752	78. 7493314	95. 4932108
603203. SH	快克股份			96. 989268	96. 7478371	92. 7549361	89. 3713404	95. 7185528
603283. SH	赛腾股份				84. 0074173	86. 6524742	81. 2725021	79. 0564345
603416. SH	信捷电气			96. 6200683	92. 4640973	93. 3528497	92. 57	86. 4631931
603583. SH	捷昌驱动					95. 225134	97. 3534859	84. 3736124
603666. SH	亿嘉和					94. 1162955	92. 891535	94. 0808166
603859. SH	能科科技			81. 0348369	93. 7356063	92. 5934263	88. 6619536	95. 5305974
603960. SH	克来机电				92. 8904842	96. 4409152	91. 8468481	75. 9898939
605186. SH	健麾信息							96. 1837075
605288. SH	凯迪股份							81. 303776
688003. SH	天准科技						84. 3228331	94. 2174356
688017. SH	绿的谐波							95. 453261
688025. SH	杰普特						63. 815514	89. 4422813
688090. SH	瑞松科技							65. 3302627
688097. SH	博众精工							
688160. SH	步科股份							88. 8087967
688165. SH	埃夫特							55. 7138162
688167. SH	炬光科技							
688215. SH	瑞晟智能							78. 3934578

续表

证券代码	证券简称	2015 年	2016 年	2017 年	2018 年	2019 年	2020 年	2021 年
688218. SH	江苏北人						58. 6554203	73. 0957824
688255. SH	凯尔达							
688310. SH	迈得医疗						85. 7583591	86. 0104999
688329. SH	艾隆科技							
688395. SH	正弦电气							
688518. SH	联赢激光							71. 7548906
688559. SH	海目星							68. 9207047

根据财务风险评价标准，对表 5－15 进行数据分析可以得出，在上市企业近 7 年的评价数据中，普遍在正常值之上，并有相当一部分企业在不同的时间段将自身的财务状况保持在优秀的状态，这说明了自动化设备类行业整体发展具有一定的韧性。但是，在经营时间 5 年以上的企业中，仅有 7 家企业未出现过任何程度的财务风险，这说明在长期运营过程中比较容易出现财务风险。纵观全部数据，有 9 家企业在过去的运营过程中出现过不同程度的财务风险，但是都通过自身的经营管理调整，使企业在近两年摆脱了财务风险的困扰。另外，值得注意的是，仍有 5 家企业在近两年的财务风险评价得分低于 50，这就意味着他们的财务状况依旧有问题未被妥善解决，其中有 3 家企业曾保持着良好乃至优秀的财务状态，仅有 2 家企业存在长期的财务问题。

第三节　本章研究结论与展望

一、本章研究结论

当前，在复杂环境下，我国通用设备制造业处于行业发展的关键阶段，行业内部之间的竞争，国内生产商和国外生产商竞争，外部大环境的变化都会为企业的发展带来不确定因素。在这种背景下，每个企业都应时刻注意自身的财务情况，及时分析企业所面临的财务问题，避免陷入困境。

本章通过对自动化设备类上市公司企业财务数据的收集和分析，利用功效系数法建立了财务风险研究模型，主要研究结论如下：

自动化设备类企业普遍具有不错的财务状况。但是，在长期经营的企业中，只有极少数企业能够长期保持良好以上的财务状态，大多数企业都会在一定时间内遇到财务风险，这说明了财务风险出现的必然性。同时，很多企业能够通过自身的一系列措施，摆脱财务危机，说明合适的管理策略是可以改善财务状况的，财务风险是可以被解决的。但同样值得注意的是，有极少数企业长时期处于低评分状态，其财务问题一直没有得到妥善地解决。

具体来看，在 2018 年之后新上市的企业在最开始的几年都保持着非常优秀的财务状况，这说明近年新生企业的发展势头不错，行业未来有很好的发展前景。但在 2018 年之前，新上市企业财务状况不佳的企业数量略高于 2018 年之后，说明新生企业很容易受到复杂环境的影响，在发展初期应当保持一定的警惕性。

功效系数法具有一定的实用价值。在分析自动化设备类企业各项财务指标时，发现部分企业的某些指标在某些时间段出现极为明显的下降，但是经过财务风险评价模型的计算之后，得到的整体评分相对稳定。财务风险具有很强的不确定性，单一指标的变化并不能完全体现企业整体的财务水平，因此借助功效系数法来制定财务风险评价模型，不仅可以得到更为准确、客观的结论，更能够考虑复杂的外部环境因素，使计算结果具有一定的时效性，便于企业进行对比。

对自动化设备类企业来说，为了控制财务风险，需要采取如下对策：

1. 完善财务风险控制体系

目前，自动化设备类企业的财务风险控制体系并不完善，没有单独设立专门的财务风险预警部门。尽管会将可能存在的财务风险进行分类和说明，但重视程度有限，并没有对财务风险进行细致的计算和评估。随着企业规模的不断扩张，企业应当设立专门监视财务状况的小组乃至部门，并由具备专业财务知识并熟悉集团各项业务的人员组成，主要负责分析企业财务问题，密切关注财务状况。

2. 提高风险防范意识

从管理人员角度讲，在复杂环境下，应当定期进行财务风险防范意识培训，学习国家新出的相关政策，时刻关注国内外经济形势的变化，以形成对财务风险正确客观的认识。同时，还要认真对待财务人员提出的财务问题，端正管理态度，保证相关问题能够及时被解决。

从财务人员角度看，应当对财务问题保持高度的敏感性和敏锐性，在日常工作中定期使用财务风险评价模型，对企业财务的健康状况进行监测，及时上报相关情况。

3. 控制负债规模

在复杂环境下，自动化设备类企业要制定合理的负债比例，要在自身现有的偿债能力基础上，明确资金用途；其次可以通过制定合理的还款规划，避免出现在一定时间内还款压力过大的情况；最后可以通过拓宽融资渠道，增加企业筹资的鲁棒性。

二、本章研究展望

从研究中发现，有很多自动化设备类企业的上市时间不足5年，这就说明，本章的研究结果具有一定的实际指导意义。从方法上讲，功效系数法可以很好地帮助分析企业是否存在财务风险，但是依托更多数据的因子分析法、反向传播（BP）神经网络可以获得更加准确的结果，可以成为自动化设备类企业未来研究的方向。除此之外，以国家颁发的企业绩效考核评价标准能够很好地在兼顾各种外部因素的同时，对整个行业有比较客观的认识。但是，这样也缺乏了一定的针对性。因此，未来可以考虑建立更符合自动化设备类企业财务情况的评价标准以进行进一步地分析。

第三篇

企业研究篇

从企业层面来看，在复杂环境中，由于受到内部、外部环境因素的影响，典型企业的财务状况会呈现出自身的独特变化特征。因此，从企业的视角来研究个别公司的财务风险状况，进而提出相关的对策建议，对典型企业来说具有决策参考价值。

第六章

S 股份有限公司财务风险研究

2015 年，我国政府开始对钢铁行业进行供给侧改革；2018 年，政府出台了《打赢蓝天保卫战三年行动计划》；2019 年，政府出台了《关于推进实施钢铁行业超低排放的意见》；2021 年《政府工作报告》对钢铁行业的提效要求更为严厉。由于受到复杂环境的影响，一大批钢铁厂财务状况不佳，寻求并购重组。在这种背景下，就需要对国内具有代表性的钢铁企业进行财务风险分析，构建一套针对钢铁企业的财务风险预警模型。通过对企业综合风险状况和企业的盈利能力，运营能力，偿债能力和发展能力状况进行量化评价，计算出预警等级，从而对企业潜在的财务风险进行预警，为企业的发展保驾护航。本章以 S 股份有限公司为例，尝试着实现这一研究目标。

第一节　S 股份有限公司面临的环境与财务状况

一、S 股份有限公司面临的复杂环境

（一）S 股份有限公司基本情况

江苏 S 股份有限公司（以下简称 S 股份）是中国特大型民营工业企

业，是一家钢铁冶炼行业的上市公司，是我国钢铁行业的龙头企业。经营范围主要包括黑色金属产品的开发、冶炼、加工及销售。公司主要产品有钢坯、粗钢、优质钢、特钢等，种类齐全。企业总部位于江苏省张家港市，地理位置非常优越，西靠合肥南京，北接长江，南边有苏州、无锡、常州等工业重镇，距离上海也只有一步之遥。公司周边配套设施较为完善，高速公路四通八达，还临近海港。公司产品远销至全球 100 多个国家和地区，广泛应用于基础设施建设、工业生产、高端装备、民生消费等多个领域，已成为跨行业、跨地区和跨国界的企业集团，连续 13 年跻身世界 500 强，2021 年排在第 308 位。因此，公司在中国钢铁行业中具有很强的代表性。

（二）S 股份有限公司面临的环境分析

近年来，我国钢铁企业面临的环境非常严峻。从政策角度来看，2015 年 12 月，我国开始对钢铁行业进行供给侧改革，要求控制钢铁总产量，淘汰落后产能。由于限产政策逐步趋严，导致大量钢铁企业去库存化，行业竞争愈演愈烈。2018 年政府出台了《打赢蓝天保卫战三年行动计划》，坚持推动钢铁、石化、化工、有色等行业节能减排，坚决遏制高耗能、高排放、低水平的产业。2021 年开始实行碳排放配额制度，通过降低碳排放获得碳积分，钢铁企业可以利用碳积分来减少企业的赋税，获得政府福利性补贴。对碳排放超标的“落后企业”进行处罚，以此敦促钢铁行业降低碳排放，钢铁行业的环保成本与日俱增。

社会经济环境方面，近三年出现的公共卫生事件，致使国家间的经济贸易行为受到了很大程度的影响，国内市场和国际市场的很多生产原料无法畅通地进行国际贸易。这导致钢铁生产企业运输、供给、原材料价格大幅上升。同时，钢铁需求受到影响，持续低迷，成品销售受阻，国内贸易商低价出货，钢铁行业盈利水平持续不景气，导致钢铁企业出现了财务困境。

二、S股份有限公司的财务状况

本节依据公司公开的主要财务数据，从公司的盈利能力、运营能力、偿债能力、发展能力4个方面各取3个具有代表性的财务指标，对公司的财务状况进行描述，识别企业可能存在的财务风险隐患。

（一）盈利能力分析

反映公司盈利能力方面的指标数据如表6－1所示。

表6－1　　　　S股份盈利能力指标值与行业均值

指标名称	行业	2016年	2017年	2018年	2019年	2020年	2021年
营业利润率（%）	S股份	7.42	15.29	20.04	8.83	11.29	14.27
	行业均值	9.2	6.9	10	9.1	9.1	4.7
净资产收益率（%）	S股份	8.72	23.01	29.87	11.23	12.71	19.53
	行业均值	1.1	3.2	6.7	7.2	7.2	7.9
成本费用利润率（%）	S股份	6.18	13.41	19.10	7.69	9.32	13.09
	行业均值	1.1	4.1	6.3	8.0	7.8	5.0

数据来源：S股份有限公司财务年报。

1. 营业利润率

营业利润率反映了公司获取利润的能力，是企业主营业务利润与主营业务收入的比值，是盈利能力类指标中最重要的一项指标。较高的营业利润率表明，公司的主营业务所创造的收益比较理想，产品附加值较高，获利能力比较强。从表6－1中可以看出，S股份有限公司的营业利润率在2016年低于行业平均水平，说明该公司创造利润的能力略微低于同行；但是，2017年、2018年公司该项指标突然升高，在2019年又略低于标准值，并在2020年、2021年再次反超。行业平均水平也呈现出这种趋势，这说明钢铁行业的盈利能力在复杂环境下具有周期性波动的特征。具体来说，S 股份不能将自己的营业利润率稳定在行业均值以上，这一点需要得到重视。企业只有在增加销售额的同时取得更多的利润，才能够在激烈的市场波动中维持较强的竞争力。否则，就会在激烈的市场竞争中失去优势，出现财务风险。

2. 净资产收益率

净资产收益率反映企业净资产的获利能力，是净利润与平均股东权益的比值。净资产收益率高代表企业通过自有资产创造出利润的程度高，属于公司盈利能力的核心指标，是一个具有代表性的财务指标。从上表中可以得出，S 股份的净资产收益率在 2016～2021 年一直高于行业平均值，说明该公司对自有资金的利用充分，创造收益的能力比较强，股东和债权人更有可能扩大投资，从而扩大企业规模，形成良性循环。

3. 成本费用利润率

成本费用利润率反映了对于生产成本的控制能力，是公司当期利润总额与成本费用的比值。该指标如果比较低，说明企业成本控制不佳；如果成本费用利润率较高，说明企业对于成本的管控能力较强。从上表中可以得出，S 股份的成本费用利润率在 2016～2021 年高于行业平均值，说明该公司对于生产成本的控制非常好。与其它的钢铁企业比较，公司能够显著降低钢铁的生产成本。

（二）营运能力分析

反映公司营运能力方面的指标数据如表 6－2 所示。

表 6－2　　S 股份运营能力指标值与行业均值

指标名称	行业	2016 年	2017 年	2018 年	2019 年	2020 年	2021 年
总资产周转率	S 股份	1.054	1.419	1.389	1.17	1.168	1.294
	行业均值	1.2	1.2	1.3	1.2	1.6	1.8

续表

指标名称	行业	2016年	2017年	2018年	2019年	2020年	2021年
存货周转率	S股份	5.041	5.88	6.832	7.262	7.533	7.919
	行业均值	12.4	12.1	13.2	13.4	14.2	15.4
应收账款周转率	S股份	10.99	13.72	16.04	33.7	311.4	784.7
	行业均值	39.8	36.7	39.1	40.4	41.9	46.4

数据来源：S股份有限公司财务年报。

1. 总资产周转率

总资产周转率反映了企业的运营效率和运营质量，是经营企业所得收入与企业全部资产的比值。总资产周转率越高，说明企业越能够充分将自身的资产运用到日常的生产经营中，运营资产的能力强，同样的资产获得收入多，资产的管理水平好。总资产周转率越低，说明企业资产周转不顺畅，运营资产的能力弱，无法充分利用好自有的资产，运营能力低下。S股份2016年总资产周转率稍低于行业平均值，2017年、2018年略微实现反超，而在2019～2021年再次下滑，低于行业平均标准值。这说明S股份的资金周转不佳，运营能力较差。S股份总资产周转率下降，有可能是原料采购成本的提升导致生产量下降；也可能是市场竞争导致的价格下跌；还可能是新增厂房等设备投入导致固定资产的增加，而产出不变。

2. 存货周转率

存货周转率反映了企业的库存管理能力，是主营业务成本与平均存货余额的比值，在正常情况下，企业的存货周转率越高，生产效率就越高，库存转化为资金的能力就越强，回款速度越快。该指标对于钢铁企业至关重要，可以在尽可能少占用经营资金的情况下，提高资金的使用效率，增强企业的短期偿债能力。S股份从2016～2021年的存货周转率普遍低于行业标准值，这说明该公司在物流配送方面可能存在着不足。由于物流配送能力不足往往会导致库存积压，还会加大耗材成本，导致存货周转天数增加。

3. 应收账款周转率

应收账款周转率反映了企业使用应收账款转化为现金的能力，是销售净收入与应收账款余额的比值。应收账款周转率越高，说明平均收款周期越短，资金回款天数短，收款质量高，企业的现金流量充裕。否则，公司经营资金过多耗费在应收账款中，这将影响正常的资金运转。S股份2016～2019年应收账款周转率与行业标准值相差不多，但在2020年和2021年出现了断崖式的增长，这说明近两年公司的收款速度大大加快，收款周期大幅度缩短，资产流动较快，债务偿还能力较强。

（三）偿债能力分析

反映公司偿债能力方面的指标数据如表6－3所示。

表6－3　　S股份偿债能力指标值与行业均值

指标名称	行业	2016年	2017年	2018年	2019年	2020年	2021年
资产负债率（%）	S股份	38.48	36.32	34.64	34.72	38.85	37.45
	行业均值	50	50	49.5	49	48.6	48.3
速动比率	S股份	0.578	1.116	1.404	1.347	1.278	1.122
	行业均值	1.011	1.01	1.015	1.026	1.026	1.065
流动比率	S股份	1.504	1.624	1.768	1.85	1.601	1.218
	行业均值	1.754	1.924	1.768	2.04	1.51	1.356

数据来源：S股份有限公司财务年报。

1. 资产负债率

资产负债率反映了企业的借贷情况，能够衡量企业在清算时保护债权人利益的程度，一般资产负债率的适宜水平是40%～60%，70%为临界点。一旦超过临界点，企业投资风险就比较大。从S股份有限公司的财务年报中可以看出，该公司的资产负债率较低，因此其负债风险一直处于一个比较低的水平。另外，该公司能够从银行获取的贷款金额比同行业企业高且贷款难度较低，这样就可以提高企业的偿债能力和筹款能力，使得企业的资金链更加稳固，破产的风险降低。所以，S股份的资产负债率处于健康水平。

2. 速动比率

速动比率反映了企业的快速偿还债务的能力，是速动资产与流动负债的比值。速动比率越高，企业用其流动性最强的资产履行其短期债务的能力越强，公司的流动性状况越好，一般该比率需要大于1。一家优秀的公司，速动比率会要求最好是大于等于1.5。S股份的速动比率2016年较差，小于1，说明2016年度该公司的财务状况有一些问题，难以应对市场中的突发状况，可能面临无法偿还债务的风险。而在2017～2021年，该指标处在正常范围内，比行业均值稍高。这说明S股份快速发现了问题，并且及时整改，使速动比率回到一个合理的区间中。

3. 流动比率

流动比率反映了企业利用流动资产的还债能力，是流动资产与流动负债的比值，流动比率越高，企业用其流动性资产履行短期债务的能力越强。一般情况下流动比率为2最为优秀。数值过大意味着流动资产占用资金较多不利于资金周转，过少则意味着该公司偿债能力较弱。S股份有限公司的流动比率从2018年的1.85下降到2021年的1.22，并且低于平均值的1.36。这表明公司的流动资金与流动负债的占比较少，该公司偿债能力相对于钢铁行业中的其他企业偏弱。

（四）发展能力分析

反映公司发展能力方面的指标数据如表6－4所示。

表6－4　　S股份发展能力指标值与行业均值

指标名称	行业	2016年	2017年	2018年	2019年	2020年	2021年
资本保值增值率（%）	S股份	109.57	128.01	134.50	114.60	108.63	116.57
	行业均值	100.7	106.6	107.3	106.1	108.9	108.9
营业利润增长率（%）	S股份	3.10	63.66	18.51	-8.41	7.07	28.14
	行业均值	6.2	21.2	38.6	39.9	22.9	22.2

续表

指标名称	行业	2016 年	2017 年	2018 年	2019 年	2020 年	2021 年
总资产增长率（%）	S 股份	19.67	23.178	19.304	-0.086	14.596	16.67
	行业均值	2.6	9.4	9.5	2.7	7.8	9

数据来源：S 股份有限公司财务年报。

1. 资本保值增值率

资本保值增值率反映了企业资本的运行绩效，是企业年末所有者权益与年初所有者权益的比值。该指标表示企业本年度利用自身的资本进行经营，到年末的变化状况，是评价企业财务效益状况的重要指标，反映了一家企业的成长性和资本保全性。该指标越高，表明该企业的资本成长性越强，所有者权益增长越快，企业的发展越有保障。S 股份的资本保值增值率一直都处于一个比较高的水平，说明 S 股份的经济效益比较好，能够将资本在原有基础上实现增值。

2. 营业利润增长率

营业利润增长率反映了企业主营业务收入发展的变动情况，是指营业利润变化量与基期营业利润的比值。营业利润增长率越大，说明企业的营业利润增长越快，获利能力越来越强。反之，则说明企业销售额提供的营业利润减少，企业的成长性在减弱。可以看出，S 股份的营业利润增长率上下波动很大。2016 年，S 股份的营业利润增长率低于行业平均值，而 2017 年大幅提高，超过行业均值。2018 年和 2019 年又持续走低，2019 年度甚至出现了负值，说明营业利润还产生了负增长。2020 年和 2021 年度开始缓慢爬升，在 2021 年超过了行业均值。这说明 S 股份的营业利润增长不够稳定，可能与复杂环境的影响有着直接的关系。

3. 总资产增长率

总资产增长率反映了企业资产规模的增长水平，是年末总资产增长额与年初资产总额的比值。总资产增长率越高，说明企业资产规模的扩张速度越快，企业的成长性越强。如果该指标长期高于行业均值，那么公司的成长能力和竞争力优于其他企业。S 股份总资产增长率一直保持比较高的水平，说明企业总资产增长率速度较快。但在 2019 年大幅下降，甚至出现了负增长，说明公司资产规模有所收缩，成长速度有所倒退。近两年，该指标又缓慢回升，说明企业调整能力较强。

（五）财务状况整体分析

整体来看，在复杂环境下，S股份有限公司随着外界环境变化进行调整的能力偏弱，盈利能力有待进一步提高；公司的运营能力在近6年中一直处于较差的状况，存货周转率和应收账款周转率很多时间都低于行业平均值，反映了公司运营管理能力较差；公司的偿债能力较好，发展能力各项指标也处于波动的状态，未来的成长性不够稳定。

在复杂环境中，S股份乃至整个钢铁行业都在经历一个重大的历史改变进程。国家对于钢铁行业的生产数量、排放要求日趋严格。如果不能及时认识到自身的财务风险，企业将在迅速变革、竞争激烈的市场中被淘汰。因此，尝试建立一套财务风险预警系统分析复杂环境下企业的风险状况，能够帮助企业找出自身的财务风险，有利于企业的可持续发展。

第二节　S股份有限公司财务风险预警模型构建

一、预警指标的选定及权重计算

（一）财务风险预警指标的选定

为了建立一个完善的财务风险预警系统，保证预警结果的准确性和可靠性，在参考大量相关学术研究成果的基础上，本节初步确定了8个必要的财务风险预警指标。考虑到钢铁行业利润低、库存高的特征，本节又增加了成本费用利用率和存货周转率，共计10个财务风险预警指标。为了更加全面精细地得出预警结果，进一步结合国资委发布的《企业绩效评价标准值》中黑色金属冶炼业的财务指标，最后选出四个大类、共计 16 个财务风险预警指标。各项指标的实际值如表 6－5 所示。

表 6－5　　S 股份 2016～2021 年财务指标实际值

项目	财务指标	2016 年	2017 年	2018 年	2019 年	2020 年	2021 年
盈利能力指标	净资产收益率（%）	9.78	25.83	33.18	12.77	15.57	23.88
	总资产报酬率（%）	7.98	21.69	28.04	10.53	12.80	18.51
	销售（营业）利润率（%）	7.42	15.29	20.04	8.83	11.29	14.27
	盈余现金保障倍数	2.26	2.79	3.44	3.87	4.32	4.90
	成本费用利润率（%）	6.18	13.41	19.1	7.69	9.32	13.09
	资本收益率（%）	19.67	64.2	102.81	43.50	54.96	95.70
运营能力指标	总资产周转率	1.05	1.42	1.39	1.17	1.17	1.29
	应收账款周转率	10.99	13.72	16.04	33.70	311.40	784.70
	存货周转率	5.04	5.88	6.83	7.26	7.53	7.92
偿债能力指标	资产负债率（%）	38.48	36.32	34.64	34.72	38.85	37.45
	速动比率	0.58	1.12	1.40	1.35	1.28	1.12
	现金流动负债比率	0.11	0.54	0.67	0.08	0.39	0.55
发展能力指标	销售（营业）增长率（%）	18.97	27.49	22.44	－0.23	7.39	19.30
	资本保值增值率	109.57	128.01	134.50	114.60	108.63	116.57
	销售（营业）利润增长率（%）	3.10	63.66	18.51	－8.41	7.07	28.14
	总资产增长率（%）	19.68	23.180	19.30	－0.09	14.60	16.68

数据来源：S 股份有限公司财务年报。

（二）财务风险预警指标的权重计算

熵值法赋值客观性强，利用熵值法计算指标权重，再结合功效系数法对公司财务风险预警的研究比较有效。因此，本章采用熵值法进行预警指标权重的计算。操作步骤如下：

第一步：无量纲化处理。考虑到指标具有正向指标和负向指标，为了解决指标的单位不同、属性不同，首先对所有的财务数据进行无量纲化处理。本章选取的指标根据属性划分为正向指标、负向指标、适中指标。其中，正向指标包括：净资产收益率、总资产报酬率、营业利润率、盈余现金保障倍数、成本费用利润率、资本收益率、总资产周转率、应收账款周转率、存货周转率、销售（营业）增长率、销售（营业）利润增长率。负向指标为：资产负债率。适中指标为：速动比率、现金流动负债比率、资本保值增值率、总资产增长率。

第二步：零和化处理。考虑到后续公式中存在 ln 函数，为了消除数据中存在的零值，对计算得 0 的指标作出零和化处理。

第三步：指标的归一化处理。为了将不同的指标类型同质化处理，需要进行归一化处理。

第四步：计算指标信息熵。

第五步：计算信息效用值。

第六步：计算各项指标的权值。

结果如表 6-6 所示。

表 6-6　　熵值法计算指标权重汇总表

指标名称	权重	信息熵	信息效用值 d
净资产收益率（%）	0.062339	0.792341	0.2076593
总资产报酬率（%）	0.063417	0.788749	0.2112509
销售（营业）利润率（%）	0.061137	0.796344	0.2036560
盈余现金保障倍数	0.048971	0.836871	0.1631292
成本费用利润率（%）	0.064148	0.786314	0.2136856
资本收益率（%）	0.047047	0.843280	0.156720
总资产周转率	0.048471	0.838538	0.1614625
应收账款周转率	0.179091	0.403425	0.5965755
存货周转率	0.041667	0.861202	0.1387979
资产负债率（%）	0.065515	0.781761	0.2182388

续表

指标名称	权重	信息熵	信息效用值 d
速动比率（%）	0.033080	0.889808	0.1101924
现金流动负债比率（%）	0.061911	0.793768	0.2062321
销售（营业）增长率（%）	0.041805	0.860742	0.1392581
资本保值增值率（%）	0.084111	0.719817	0.2801829
销售（营业）利润增长率（%）	0.064729	0.784380	0.2156197
总资产增长率（%）	0.032561	0.891536	0.1084645

数据来源：Stata 计算结果。

二、预警指标评价标准值确定及预警区间划分

（一）预警指标评价标准值确定

本章参考《企业绩效评价标准值》，该标准值是国资委考核评价局通过运用国家统计局公布的企业相关财务数据，排除一些不合理的数据后得出的黑色金属冶炼业绩效评价标准值。经过与《关于印发中小企业划型标准规定的通知》对比，S 股份无论是营业收入规模还是员工人数，都已经达到了大型企业的标准。因此，本章选用黑色金属冶炼业大型企业数据作为标准值。2016～2021 年该行业的评价标准值具体如表 6－7、表 6－8、表 6－9、表 6－10、表 6－11、表 6－12 所示。

表 6－7　　　　黑色金属冶炼业 2016 年标准值

项目	优秀值	良好值	平均值	较低值	较差值
一、盈利能力指标					
净资产收益率（%）	5.2	4.3	1.1	－4.9	－10.6
总资产报酬率（%）	2.0	1.2	0.9	－2.4	－6.5

续表

项目	优秀值	良好值	平均值	较低值	较差值
销售（营业）利润率（%）	14.9	11.5	9.2	5.5	-0.2
盈余现金保障倍数	4.9	4.0	2.9	1.4	-0.1
成本费用利润率（%）	5.8	4.8	1.1	-2.4	-8.4
资本收益率（%）	8.4	6.9	2.1	-3.5	-10.3
二、运营能力指标					
总资产周转率	2.0	1.5	1.2	1.1	0.9
应收账款周转率	68.8	58.2	39.8	34.7	31.6
存货周转率	20.1	16.4	12.4	9.9	8
三、偿债能力指标					
资产负债率（%）	40.0	45.0	50.0	60.0	75.0
速动比率（%）	165.0	118.3	101.1	91.2	84.0
现金流动负债比率（%）	15.1	11.3	8.3	4.3	1.2
四、发展能力指标					
销售（营业）增长率（%）	33.3	28.3	5.1	-3.7	-6.6
资本保值增值率（%）	105.2	104.6	100.7	96.1	91.3
销售（营业）利润增长率（%）	43.7	37.6	6.2	4.3	2.6
总资产增长率（%）	8.9	6.9	2.6	0.7	-4.0

数据来源：《企业绩效评价标准值》。

表6-8　　黑色金属冶炼业2017年标准值

项目	优秀值	良好值	平均值	较低值	较差值
一、盈利能力指标					
净资产收益率（%）	5.8	5.0	3.2	-2.9	-8.7
总资产报酬率（%）	4.3	3.4	2.7	-0.8	-5.0
销售（营业）利润率（%）	12.3	9.3	6.9	3.1	-2.4
盈余现金保障倍数	6.2	5.3	4.2	2.7	1.2
成本费用利润率（%）	7.7	6.2	4.1	0.7	-5.3

续表

项目	优秀值	良好值	平均值	较低值	较差值
资本收益率（%）	13.7	12.3	7.6	2.2	-4.5
二、运营能力指标					
总资产周转率	2.0	1.5	1.2	1.1	0.9
应收账款周转率	65.7	55.1	36.7	32.9	29.1
存货周转率	19.8	16.1	12.1	9.9	7.8
三、偿债能力指标					
资产负债率（%）	40.0	45.0	50.0	60.0	75.0
速动比率（%）	164.8	116.7	101.0	91.1	83.2
现金流动负债比率（%）	15.1	11.3	8.3	4.3	1.2
四、发展能力指标					
销售（营业）增长率（%）	39.5	35.3	23.1	14.7	9.5
资本保值增值率（%）	112.6	109.3	106.6	102.1	97.3
销售（营业）利润增长率（%）	37.8	33.4	21.2	17.9	13.7
总资产增长率（%）	15.1	13.3	9.4	7.6	2.9

数据来源：《企业绩效评价标准值》。

表 6-9　　黑色金属冶炼业 2018 年标准值

项目	优秀值	良好值	平均值	较低值	较差值
一、盈利能力指标					
净资产收益率（%）	9.6	8.9	6.7	0.7	-5.0
总资产报酬率（%）	4.9	4.0	3.3	0.0	-4.1
销售（营业）利润率（%）	15.7	12.3	10.0	6.2	0.6
盈余现金保障倍数	5.7	4.8	3.7	2.2	0.7
成本费用利润率（%）	10.1	8.7	6.3	2.9	-3.1
资本收益率（%）	18.7	17.3	12.7	7.2	0.5

续表

项目	优秀值	良好值	平均值	较低值	较差值
二、运营能力指标					
总资产周转率	2.1	1.6	1.3	1.2	0.9
应收账款周转率	68.1	57.5	39.1	34.4	31.0
存货周转率	20.9	17.2	13.2	10.8	8.8
三、偿债能力指标					
资产负债率（%）	39.5	44.5	49.5	59.5	74.5
速动比率（%）	165.4	118.2	101.5	91.6	83.9
现金流动负债比率（%）	16.1	12.3	9.3	5.3	2.2
四、发展能力指标					
销售（营业）增长率（%）	56.0	51.7	37.6	29.2	24.3
资本保值增值率（%）	112.2	109.8	107.3	102.8	98.0
销售（营业）利润增长率	58.8	54.0	38.6	35.5	31.8
总资产增长率（%）	15.5	13.6	9.5	7.7	3.0

数据来源：《企业绩效评价标准值》。

表6-10　　黑色金属冶炼业2019年标准值

项目	优秀值	良好值	平均值	较低值	较差值
一、盈利能力指标					
净资产收益率（%）	10.4	9.6	7.2	1.2	-4.6
总资产报酬率（%）	4.2	3.4	2.8	-0.6	-4.7
销售（营业）利润率（%）	14.7	11.4	9.1	5.3	-0.3
盈余现金保障倍数	6.6	5.7	4.6	3.1	1.6
成本费用利润率（%）	12	10.7	8	4.6	-1.4
资本收益率（%）	22.4	18.1	16.2	12.2	4.0
二、运营能力指标					
总资产周转率	1.6	1.4	1.2	1	0.5
应收账款周转率	69.4	58.8	40.4	35.8	32.4

续表

项目	优秀值	良好值	平均值	较低值	较差值
存货周转率	21.1	17.4	13.4	11	9
三、偿债能力指标					
资产负债率（%）	39.0	44.0	49.0	59.0	74.0
速动比率（%）	166.5	119.1	102.6	92.7	85.1
现金流动负债比率（%）	22.2	18.4	15.4	11.4	8.3
四、发展能力指标					
销售（营业）增长率（%）	52.0	47.5	31	22.5	18.1
资本保值增值率（%）	108.4	107.6	106.1	99.3	93.6
销售（营业）利润增长率（%）	64.7	59.5	39.9	37.1	33.9
总资产增长率（%）	8.7	6.8	2.7	0.9	-3.8

数据来源：《企业绩效评价标准值》。

表 6-11　　黑色金属冶炼业 2020 年标准值

项目	优秀值	良好值	平均值	较低值	较差值
一、盈利能力指标					
净资产收益率（%）	10.1	9.3	7.2	1.2	-4.6
总资产报酬率（%）	4.6	3.7	3.1	-0.3	-4.4
销售（营业）利润率（%）	14.7	11.4	9.1	5.3	-0.3
盈余现金保障倍数	6.0	5.1	4.0	2.5	1.0
成本费用利润率（%）	11.6	10.2	7.8	4.4	-1.6
资本收益率（%）	21.6	19.2	15.5	10.5	3.3
二、运营能力指标					
总资产周转率	2.3	1.9	1.6	1.5	1.1
应收账款周转率	70.9	60.3	41.9	37.5	34.0
存货周转率	21.9	18.2	14.2	11.9	9.8

续表

项目	优秀值	良好值	平均值	较低值	较差值
三、偿债能力指标					
资产负债率（%）	38.6	43.6	48.6	58.6	73.6
速动比率（%）	166.5	118.9	102.6	92.7	85.0
现金流动负债比率（%）	22.5	18.7	15.7	11.7	8.6
四、发展能力指标					
销售（营业）增长率（%）	38.9	34.6	20.3	11.9	7.0
资本保值增值率（%）	113.3	111.1	108.9	103.6	98.5
销售（营业）利润增长率（%）	43.5	38.6	22.9	19.8	16.1
总资产增长率（%）	13.7	11.8	7.8	6.0	1.3

数据来源：《企业绩效评价标准值》。

表6－12　　黑色金属冶炼业2021年标准值

项目	优秀值	良好值	平均值	较低值	较差值
一、盈利能力指标					
净资产收益率（%）	10.9	9.4	7.9	1.7	－3.9
总资产报酬率（%）	5.2	4.3	3.7	0.3	－3.8
销售（营业）利润率（%）	5.8	5.2	4.7	0.9	－4.6
盈余现金保障倍数	5.8	4.4	3.7	2.0	1.0
成本费用利润率（%）	6.5	5.7	5	1.4	－4.4
资本收益率（%）	22.7	20.0	16.6	11.8	4.4
二、运营能力指标					
总资产周转率	3.0	2.5	1.8	1.5	1.3
应收账款周转率	75.4	64.8	46.4	35.4	33.2
存货周转率	23.1	19.4	15.4	11.6	10.3
三、偿债能力指标					
资产负债率（%）	38.3	43.3	48.3	58.3	73.3
速动比率（%）	170.4	123.0	106.5	96.6	88.9

续表

项目	优秀值	良好值	平均值	较低值	较差值
现金流动负债比率（%）	27.1	19.7	17.8	9.1	7.1
四、发展能力指标					
销售（营业）增长率（%）	41.2	30.7	21.9	13.4	8.7
资本保值增值率（%）	113.9	111.7	108.9	103.7	97.8
销售（营业）利润增长率	44.1	39.1	22.2	19.2	15.7
总资产增长率（%）	15.0	13.3	9	1.9	-1.6

数据来源：《企业绩效评价标准值》。

（二）预警区间划分

根据上述步骤，计算出S股份有限公司的风险指标分析系数之后，需要对风险指标进行评价。因此，能够方便合理的对风险系数进行评价显得尤为关键。通过查阅众多研究成果，本章结合国资委发布的《中央企业综合绩效评价实施细则》，将其划分为［0，0.2）、［0.2，0.4）、［0.4，0.6）、［0.6，0.8）、［0.8，1］5个风险预警等级区间。进一步地，本章将通过模型计算得出的综合风险分析系数以及类风险分析系数代入这5个区间，即可得出财务风险预警等级。

三、S股份有限公司近6年财务风险计算结果

收集S股份有限公司近6年的公开财务数据，根据构建好的模型计算该公司财务风险预警指标所对应的实际值，计算结果如表6-13～表6-24所示。

表6-13　S股份有限公司2016年度财务风险预警指标评分值

指标名称	权重	2016年度实际值	标准系数	功效系数	基础分	调整分	单项指标得分
净资产收益率	0.0623	9.7826	1	-0.8813	0.0623	-0.0110	0.0623
总资产报酬率	0.0634	7.9783	1	-2.9892	0.0634	-0.0379	0.0634
销售（营业）利润率	0.0611	7.4200	0.4	0.5189	0.0245	0.0063	0.0308
盈余现金保障倍数	0.0490	2.2557	0.4	0.5705	0.0196	0.0056	0.0252
成本费用利润率	0.0641	6.1800	1	-0.0655	0.0641	-0.0008	0.0641
资本收益率	0.0470	0.1967	0.4	0.6601	0.0188	0.0062	0.0250
总资产周转率	0.0485	1.0540	0.2	0.7700	0.0097	0.0075	0.0172
应收账款周转率	0.1791	10.9900	0	0.3478	0.0000	0.0125	0.0125
存货周转率	0.0417	5.0410	0	0.6301	0.0000	0.0053	0.0053
资产负债率	0.0655	38.4800	1	0.0380	0.0655	0.0005	0.0655
速动比率	0.0331	57.8000	0	0.6881	0.0000	0.0046	0.0046
现金流动负债比率	0.0619	10.9000	0.6	0.8667	0.0371	0.0107	0.0479
销售（营业）增长率	0.0418	18.9689	0.6	0.5978	0.0371	0.0074	0.0445
资本保值增值率	0.0841	109.5697	1	-0.0415	0.0418	-0.0003	0.0841
营业利润增长率	0.0647	3.1000	0.2	0.2941	0.0168	0.0049	0.0218
总资产增长率	0.0326	19.6794	1	-1.2112	0.0647	-0.0157	0.0326

表6-14　S股份有限公司2017年度财务风险预警指标评分值

指标名称	权重	2017年度实际值	标准系数	功效系数	基础分	调整分	单项指标得分
净资产收益率	0.0623	25.8294	1	-3.4533	0.0623	-0.0431	0.0623
总资产报酬率	0.0634	21.6862	1	-4.0433	0.0634	-0.0513	0.0634
销售（营业）利润率	0.0611	15.2900	1	-0.2431	0.0611	-0.0030	0.0611
盈余现金保障倍数	0.0490	2.7901	0.4	0.0601	0.0196	0.0006	0.0202
成本费用利润率	0.0641	13.4100	1	-0.7416	0.0641	-0.0095	0.0641
资本收益率	0.0470	0.6420	0.2	0.7675	0.0094	0.0072	0.0166

续表

指标名称	权重	2017 年度实际值	标准系数	功效系数	基础分	调整分	单项指标得分
总资产周转率	0.0485	1.4190	0.6	0.7300	0.0291	0.0071	0.0362
应收账款周转率	0.1791	13.7200	0	0.4715	0.0000	0.0169	0.0169
存货周转率	0.0417	5.8800	0	0.7538	0.0000	0.0063	0.0063
资产负债率	0.0655	36.3200	1	0.0920	0.0655	0.0012	0.0655
速动比率	0.0331	111.6000	0.6	0.6752	0.0198	0.0045	0.0243
现金流动负债比率	0.0619	53.5000	1	-2.5430	0.0619	-0.0315	0.0304
销售（营业）增长率	0.0418	27.4933	0.6	0.3601	0.0371	0.0045	0.0416
资本保值增值率	0.0841	128.0144	1	-0.1369	0.0418	-0.0011	0.0841
营业利润增长率	0.0647	63.6600	1	-0.6841	0.0841	-0.0115	0.0647
总资产增长率	0.0326	23.1790	1	-0.5350	0.0647	-0.0069	0.0326

表 6-15　S 股份有限公司 2018 年度财务风险预警指标评分值

指标名称	权重	2018 年度实际值	标准系数	功效系数	基础分	调整分	单项指标得分
净资产收益率	0.0623	33.1774	1	-2.4560	0.0623	-0.0306	0.0623
总资产报酬率	0.0634	28.0412	1	-4.7227	0.0634	-0.0599	0.0634
销售（营业）利润率	0.0611	20.0400	1	-0.2764	0.0611	-0.0034	0.0611
盈余现金保障倍数	0.0490	3.4419	0.4	0.8279	0.0196	0.0081	0.0277
成本费用利润率	0.0641	19.1000	1	-0.8911	0.0641	-0.0114	0.0641
资本收益率	0.0470	1.0281	0.2	0.0788	0.0094	0.0007	0.0102
总资产周转率	0.0485	1.3890	0.6	0.2967	0.0291	0.0029	0.0320
应收账款周转率	0.1791	16.0400	0	0.5174	0.0000	0.0185	0.0185
存货周转率	0.0417	6.8320	0	0.7764	0.0000	0.0065	0.0065
资产负债率	0.0655	34.6400	1	0.1230	0.0655	0.0016	0.0655
速动比率	0.0331	140.4000	0.8	0.4703	0.0265	0.0031	0.0296
现金流动负债比率	0.0619	66.8000	1	-3.1491	0.0619	-0.0390	0.0229

续表

指标名称	权重	2021年度实际值	标准系数	功效系数	基础分	调整分	单项指标得分
总资产周转率	0.0485	1.2940	0	0.9954	0.0000	0.0096	0.0096
应收账款周转率	0.1791	784.7000	1	-9.4072	0.1791	-0.3369	0.1791
存货周转率	0.0417	7.9190	0	0.7688	0.0000	0.0064	0.0064
资产负债率	0.0655	37.4500	1	0.0222	0.0655	0.0003	0.0655
速动比率	0.0331	112.2000	0.6	0.3455	0.0198	0.0023	0.0221
现金流动负债比率	0.0619	55.2000	1	-1.0369	0.0619	-0.0128	0.0491
销售（营业）增长率	0.0418	19.3009	0.4	0.6942	0.0248	0.0086	0.0334
资本保值增值率	0.0841	116.5690	1	-0.0234	0.0418	-0.0002	0.0841
营业利润增长率	0.0647	28.1400	0.6	0.3515	0.0505	0.0059	0.0564
总资产增长率	0.0326	16.6793	1	-0.1120	0.0647	-0.0014	0.0326

表6-19　S股份有限公司2016年度财务风险预警综合得分表

财务指标	指标名称	权重	单项指标得分	类指标得分	2016年度综合得分
盈利能力	净资产收益率	0.0623	0.0623	0.7806	0.5967
	总资产报酬率	0.0634	0.0634		
	销售（营业）利润率	0.0308	0.0611		
	盈余现金保障倍数	0.0252	0.0490		
	成本费用利润率	0.0641	0.0641		
	资本收益率	0.0250	0.0470		
运营能力	总资产周转率	0.0172	0.0485	0.1295	
	应收账款周转率	0.0125	0.1791		
	存货周转率	0.0053	0.0417		
偿债能力	资产负债率	0.0655	0.0655	0.7348	
	速动比率	0.0090	0.0046		
	现金流动负债比率	0.0006	0.0479		

续表

财务指标	指标名称	权重	单项指标得分	类指标得分	2016 年度综合得分
发展能力	销售（营业）增长率	0.0445	0.0418	0.8198	0.5967
	资本保值增值率	0.0841	0.0841		
	销售（营业）利润增长率	0.0218	0.0647		
	总资产增长率	0.0326	0.0326		

表 6－20　S 股份有限公司 2017 年度财务风险预警综合得分表

财务指标	指标名称	权重	单项指标得分	类指标得分	2017 年度综合得分
盈利能力	净资产收益率	0.0623	0.0623	0.8294	0.6904
	总资产报酬率	0.0634	0.0634		
	销售（营业）利润率	0.0611	0.0611		
	盈余现金保障倍数	0.0202	0.0490		
	成本费用利润率	0.0641	0.0641		
	资本收益率	0.0166	0.0470		
运营能力	总资产周转率	0.0362	0.0485	0.2204	
	应收账款周转率	0.0169	0.1791		
	存货周转率	0.0063	0.0417		
偿债能力	资产负债率	0.0655	0.0655	0.7492	
	速动比率	0.0482	0.0243		
	现金流动负债比率	0.0029	0.0304		
发展能力	销售（营业）增长率	0.0416	0.0418	0.9991	
	资本保值增值率	0.0841	0.0841		
	销售（营业）利润增长率	0.0647	0.0647		
	总资产增长率	0.0326	0.0326		

表6-21　S股份有限公司2018年度财务风险预警综合得分表

财务指标	指标名称	权重	单项指标得分	类指标得分	2018年度综合得分
盈利能力	净资产收益率	0.0623	0.0623	0.8324	0.6017
	总资产报酬率	0.0634	0.0634		
	销售（营业）利润率	0.0611	0.0611		
	盈余现金保障倍数	0.0277	0.0490		
	成本费用利润率	0.0641	0.0641		
	资本收益率	0.0102	0.0470		
运营能力	总资产周转率	0.0320	0.0485	0.2116	
	应收账款周转率	0.0185	0.1791		
	存货周转率	0.0065	0.0417		
偿债能力	资产负债率	0.0655	0.0655	0.7352	
	速动比率	0.0586	0.0296		
	现金流动负债比率	0.0020	0.0229		
发展能力	销售（营业）增长率	0.0114	0.0418	0.6178	
	资本保值增值率	0.0841	0.0841		
	销售（营业）利润增长率	0.0098	0.0647		
	总资产增长率	0.0326	0.0326		

表6-22　S股份有限公司2019年度财务风险预警综合得分表

财务指标	指标名称	权重	单项指标得分	类指标得分	2019年度综合得分
盈利能力	净资产收益率	0.0623	0.0623	0.6470	0.5267
	总资产报酬率	0.0634	0.0634		
	销售（营业）利润率	0.0358	0.0611		
	盈余现金保障倍数	0.0246	0.0490		
	成本费用利润率	0.0373	0.0641		
	资本收益率	0.0010	0.0470		

续表

财务指标	指标名称	权重	单项指标得分	类指标得分	2019 年度综合得分
运营能力	总资产周转率	0.0276	0.0485	0.3115	0.5267
	应收账款周转率	0.0495	0.1791		
	存货周转率	0.0067	0.0417		
偿债能力	资产负债率	0.0655	0.0655	0.6601	
	速动比率	0.0567	0.0286		
	现金流动负债比率	0.0001	0.0118		
发展能力	销售（营业）增长率	-0.0002	0.0418	0.5033	
	资本保值增值率	0.0841	0.0841		
	销售（营业）利润增长率	-0.0042	0.0647		
	总资产增长率	0.0326	0.0326		

表 6-23 S 股份有限公司 2020 年度财务风险预警综合得分表

财务指标	指标名称	权重	单项指标得分	类指标得分	2020 年度综合得分
盈利能力	净资产收益率	0.0623	0.0623	0.7334	0.6755
	总资产报酬率	0.0634	0.0634		
	销售（营业）利润率	0.0483	0.0611		
	盈余现金保障倍数	0.0323	0.0490		
	成本费用利润率	0.0466	0.0641		
	资本收益率	0.0016	0.0470		
运营能力	总资产周转率	0.0113	0.0485	0.7311	
	应收账款周转率	0.1791	0.1791		
	存货周转率	0.0064	0.0417		
偿债能力	资产负债率	0.0655	0.0655	0.9109	
	速动比率	0.0549	0.0277		
	现金流动负债比率	0.0003	0.0530		

续表

财务指标	指标名称	权重	单项指标得分	类指标得分	2020年度综合得分
发展能力	销售（营业）增长率	0.0134	0.0418	0.3493	0.6755
	资本保值增值率	0.0247	0.0841		
	销售（营业）利润增长率	0.0074	0.0647		
	总资产增长率	0.0326	0.0326		

表6-24　S股份有限公司2021年度财务风险预警综合得分表

财务指标	指标名称	权重	单项指标得分	类指标得分	2021年度综合得分
盈利能力	净资产收益率	0.0623	0.0623	0.8522	0.8340
	总资产报酬率	0.0634	0.0634		
	销售（营业）利润率	0.0611	0.0611		
	盈余现金保障倍数	0.0427	0.0490		
	成本费用利润率	0.0641	0.0641		
	资本收益率	0.0020	0.0470		
运营能力	总资产周转率	0.0096	0.0485	0.7248	
	应收账款周转率	0.1791	0.1791		
	存货周转率	0.0064	0.0417		
偿债能力	资产负债率	0.0655	0.0655	0.8518	
	速动比率	0.0331	0.0221		
	现金流动负债比率	0.0005	0.0491		
发展能力	销售（营业）增长率	0.0334	0.0418	0.9248	
	资本保值增值率	0.0841	0.0841		
	销售（营业）利润增长率	0.0564	0.0647		
	总资产增长率	0.0326	0.0326		

四、S 股份有限公司财务风险分析

在上文中，通过将收集到的财务数据带入财务风险预警模型中计算，得到了 S 股份有限公司 2016～2021 年度的财务风险预警值。进一步，综合预警得分及各方面能力得分汇总，绘制出财务风险综合分析系数图（见图 6－1）以及财务风险类指标分析系数表（见表 6－25）。结合该图表，可以看到 S 股份有限公司 2016～2021 年的综合指标评价系数和预警等级。

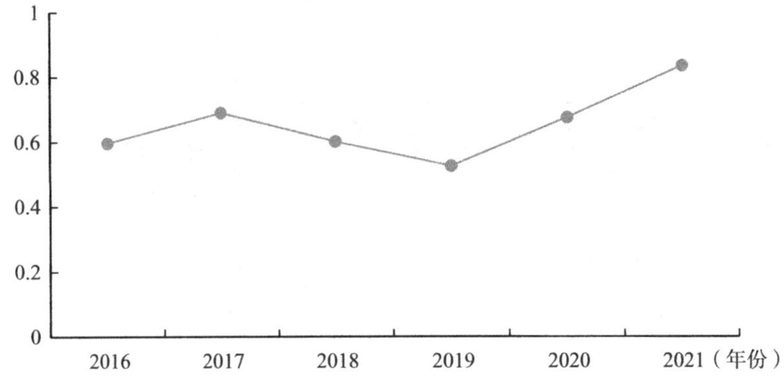

图 6－1　S 股份有限公司 2016～2021 年的财务风险综合分析系数

表 6－25　S 股份有限公司 2016～2021 年的综合分析系数

年份	2016	2017	2018	2019	2020	2021
综合分析系数	0.5967	0.6904	0.6017	0.5267	0.6755	0.834
对应警度	中警	轻警	轻警	中警	轻警	无警

（一）S股份有限公司财务综合风险系数分析

2016年，S股份有限公司的财务风险综合分析系数为0.5967，警戒等级为中警，表明部分财务指标可能存在问题，公司的整体情况欠佳，部分财务指标报警。

2017年，S股份有限公司的财务风险综合分析系数为0.6904，警戒等级为轻警，说明S股份有限公司经过一年的经营，财务状况逐渐转好，很多财务风险预警指标恢复到了正常状态。公司的各项能级得到了较大的改善，财务风险发生的可能性较低。

2018年，S股份有限公司的财务风险综合分析系数为0.6017，警戒等级为轻警。该年度的风险分析系数比上一年略低一些，不过变化不大，总体财务状况还在正常范围内。公司的某一些指标可能发生下降，但总体还在可控范围内，发生财务风险的可能性较低。

2019年，S股份有限公司的财务风险综合分析系数为0.5267，警戒等级为中警，这表明公司的经营状况和财务状况比较不稳定，有一定的概率会发生财务风险。企业需要对自身的经营状况以及外部市场环境进行分析，提高警惕，谨防财务风险的发生。

2020年，S股份有限公司的财务风险综合分析系数为0.6755，警戒等级为轻警，公司的经营情况较上一年得到一定改善，发生财务风险的可能性较低。

2021年，S股份有限公司的财务风险综合分析系数为0.834，警戒等级为无警，说明本年度公司的各项能力表现十分优秀。各项财务指标处在一个非常健康的状态，基本上没有发生财务风险的可能性。

总结S股份有限公司6年的综合分析系数：分别为0.5967（中警）、0.6904（轻警）、0.6017（轻警）、0.5267（中警）、0.6755（轻警）、0.834（无警）。该时间序列数据反映出S股份有限公司近6年的财务风险状况呈现反复波动的形势。

进一步，根据盈利能力、运营能力、偿债能力、发展能力4个角度分别对企业进行财务风险分析，结果如表6-26、图6-2所示。

表 6-26　　S 股份有限公司 2016～2021 年的分析系数和对应警度

年份	2016	2017	2018	2019	2020	2021
盈利能力类指标分析系数	0.780	0.829	0.832	0.647	0.733	0.852
对应警度	轻警	无警	无警	轻警	轻警	无警
运营能力类指标分析系数	0.129	0.220	0.211	0.311	0.731	0.724
对应警度	巨警	重警	重警	重警	轻警	轻警
偿债能力类指标分析系数	0.734	0.749	0.735	0.660	0.910	0.851
对应警度	轻警	轻警	轻警	轻警	无警	无警
发展能力类指标分析系数	0.819	0.999	0.617	0.503	0.349	0.924
对应警度	无警	无警	轻警	中警	重警	无警

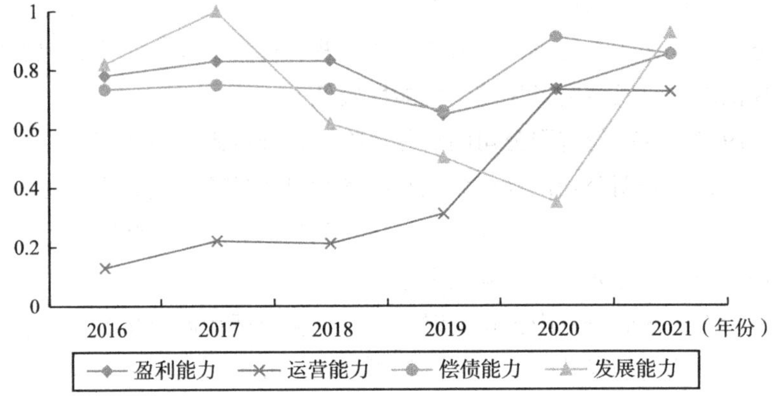

图 6-2　S 股份有限公司财务风险类指标分析系数

（二）S 股份有限公司盈利能力方面的风险分析

S 股份有限公司 2016～2021 年度盈利能力指标系数分别为 0.780、0.829、0.832、0.647、0.733、0.852，表示 2016～2021 年度该公司盈利能力方面的财务风险等级分别为：轻警、无警、无警、轻警、轻警、无警。这说明，公司盈利能力方面的风险一直保持在比较安全的状态中。

2016～2021 年，公司外部的经济环境、政策环境都发生了非常剧烈的变化，绝大部分钢铁企业出现了破产、倒闭、兼并重组的现象。然而，

S股份有限公司的盈利能力分析系数一直处于无警、中警区间，起伏不大。这说明该企业在增加收入、控制经营成本、节约资金使用等方面，都做得非常不错。

2016年，经过查询企业年报，发现该公司的营业外收入大幅增加，来源如下：企业获得了国家政策性支持，得到数额较大的政府补助，公司的大股东输入资产保证公司正常运作，而政府补助和股东输血这些都只是临时性的措施。企业的净资产收益率为9.78%，总资产报酬率为7.98%，成本费用利润率为6.18%，主要经济指标较上一年都有所下降。S股份的盈利能力还是比较疲弱，后续有待提升。

2017~2018年，S股份积极优化产品的种类与结构，合理制定产品售价，不断提高产品竞争力。外部环境方面，加上煤炭、铁矿石等原材料价格下跌，企业的盈利能力得到改善，各项指标年均涨幅都达到20%以上，使2017年、2018年连续两年公司获得利润的能力增强，企业盈利能力方面的风险分析系数处于无警状态。

2019年和2020年，由于新冠疫情肆虐，导致进口钢铁、矿石、煤炭等大宗原辅材料价格也都持续飙升，生产成本和运输成本上涨。加上钢铁下游企业需求量减少，钢铁产品价格下降，毛利水平降低，购销两端都在消耗钢铁行业为数不多的利润。全行业亏损严重，钢铁产品盈利空间也明显收窄。公司的营业利润率从上一年度的20.04%降到了8.83%，钢铁产成品的出口难度加大，物流时效延长，回款难度增加，企业的经营资金出现负增长，总资产报酬率从上一年的28.04%降为10.52%，企业盈利能力大幅下降。2019年和2020年的盈利能力方面的风险分析系数处于轻警状态。

2021年，全球经济在疫情中缓慢复苏。在经济复苏和市场需求的推动之下，钢铁行业盈利能力逐渐恢复。下游需求回暖为钢铁行业提供了较好的利润增长空间，各项指标大幅上涨，达到优秀水平，公司整体盈利状况进入无警状态。

（三）S 股份有限公司运营能力方面的风险分析

S 股份有限公司 2016～2021 年度营运能力指标系数分别为 0.129、0.220、0.211、0.311、0.731、0.724，对应 2016～2021 年度该公司的运营能力财务风险等级分别为：巨警、重警、重警、重警、轻警、轻警。可以看出，公司前 4 年运营能力方面的风险十分严重，极大可能发生财务风险。

公司运营能力分析系数在 2016 年（0.129）处于巨警状态，这是由于 2015 年我国开始进行供给侧结构化改革，停止落后钢铁产能，禁止新增粗钢产量。在运营能力方面体现在 S 股份拥有大量的钢铁期货和钢铁库存，而企业的生产线始终无法全负荷生产，大量的粗钢产成品、半成品和原材料无法变现周转。公司的存货周转率下降到了 5.04%，库存的流动性接近枯竭。市场上大量钢厂低价抛售成品钢材，导致不少客户出现了违约毁单的情况，大量的赊款难以追回。S 股份的经营效率低，库存周转速度缓慢，应收账款回款周期大幅延长，应收账款周转率仅为 10.99%，企业现金流入不足。一系列财务指标处于历史最低值，公司的经营风险巨大。而后的 3 年时间里，S 股份积极对自身的资产结构、库存管理方式和经营方式做出调整，使得公司的预警度缓慢回升，由 2016 年的巨警改善为 2017 年（0.220）、2018 年（0.211）、2019 年（0.311）的重警。但是公司的存货周转率以及应收账款周转率仍然处于较低值。

2020 年和 2021 年公司的应收账款周转率有了极大地改善，并且由于应收账款周转率的权重为 0.1791，占比极大，使公司的运营能力风险指数在 2020 年为 0.731，2021 年为 0.724，预警水平提升到了轻警等级。通过调查行业环境发现，由于疫情后市场出现回补性增长，在国内宏观经济复苏的推动下，钢铁行业景气度提升，下游用户需求逐渐回暖，钢铁订单激增，资金回款速度大幅加快。而公司的存货周转率这两年分别为 7.53、7.92，总资产周转率分别为 1.17、1.29，仍处于较差的状态。

结合上述分析，由于国家限制粗钢的产能导致公司大量原材料库存无法释放，占用企业的资源过多，严重影响企业的运营能力，公司亟待解决自身库存问题。

（四）S股份有限公司偿债能力方面的风险分析

S股份有限公司2016～2021年度偿债能力指标系数分别为0.734、0.749、0.735、0.660、0.910、0.851，对应2016～2021年度该公司的偿债能力财务风险等级分别为：轻警、轻警、轻警、轻警、无警、无警，各项财务指标都处在比较高的水平。公司的现金和现金等价物比较充足，公司对长短期债务的偿还能力都比较强，出现偿债能力方面财务风险的概率比较低。

（五）S股份有限公司发展能力方面的风险分析

S股份有限公司2016～2021年度发展能力指标系数分别为0.819、0.999、0.617、0.503、0.349、0.924，对应公司的警度等级从2016年和2017年的无警状态到2018年、2019年、2020年连续三年下跌到轻警、中警、重警，到了2021年才重新回到无警状态。

自从2015年国家对钢铁行业进行供给侧改革之后，该公司从多方面探索企业盈利增长点，以提升公司抗风险能力。S股份在2018年、2019年、2020年连续3年投入大量资金收购一家数据公司，转型进军数据行业，希望由钢铁生产业务转为钢铁、数据中心双主业共同发展的模式。由于多方面因素影响，该笔投资以失败告终。这次转型消耗了大量的经营所得，多项发展能力财务指标在这3年中大幅下降。2019年度公司的重要设施冶炼高炉出现了严重故障，公司对其进行了大修，再一次消耗了大量资产，导致年末统计经营数据时公司业绩大幅缩水，资产保值增值率和总资产增长率等财务数据低于行业最低值。2021年度，市场逐渐回暖，各项财务指标回升到了健康水平，公司的发展能力有了明显的改善。

第三节 本章研究结论与展望

一、本章研究结论

钢铁行业是我国工业的重要组成部分。在复杂环境下，本章分析了 S 股份有限公司的内、外部环境。针对钢铁行业的特点，分析了功效系数法对财务风险预警存在的缺点和不足，对前人的财务预警模型进行了完善，增加了财务风险预警指标。为了使计算结果更加精确、更加灵敏，对功效系数法进行了改良，由原来的两档标准值，增加到了五档标准值，将由固定比例 3:2 进行赋权改为利用熵值法对指标的熵值和权重进行计算，从而增强了财务风险预警模型的精确性和可靠性。根据模型计算所得出的结果从公司的整体状况、盈利能力、运营能力、偿债能力、发展能力五个方面进行风险分析，并结合公司的动态、行业状况和宏观政策，全面分析企业出现财务风险的原因和可能性。最后根据预警结果，结合该公司的实际情况，对公司提出发展建议。

本章的研究能够帮助企业通过财务风险预警系统得出的计算结果，及时了解到自身的财务隐患，提出应对策略。对 S 股份有限公司来说，为了控制财务风险，需要采取如下对策：

（1）设立财务风险监管机构。

钢铁企业对于复杂环境的变化非常敏感，很容易受外界的变化导致企业的各项财务指标产生波动。因此，仅仅依靠财务人员对公司指标进行分析是远远不够的，S 股份有限公司应该设立财务风险监管机构，从各部门调拨一部分综合能力较强的人员组成风控小组，做到：定期监控财务风险情况并做出评估；及时了解国家政策、经济环境、供需关系等外部环境的变化情况；将存在的隐患及时上报至公司管理层，科学制订解决方案。

（2）转型绿色生产，进行低碳创新。

在国家大力推动钢铁企业节能减排的背景下，国家对于减排降碳的企业推出了一系列贷款、纳税方面的政策支持。S股份有限公司应该积极响应国家政策，把握政策上的优惠。企业应该积极学习低碳冶金方法，引入氢能炼钢、电炉炼钢等超低排放的生产线。同时，大力进行低碳创新，优化工艺流程，探索新的冶金方法。

（3）引入智能系统，提高生产效率。

国内钢铁企业的人员结构复杂，员工的冗余大，绩效低，人员消耗了大量的资源。S股份有限公司应该积极引入智能制造基础体系，实现系统集成化，决策智能化，生产机械化，从而可以极大地提高生产率，有效降低人工成本。

二、本章研究展望

本章成功构建了S股份有限公司的财务风险预警系统，且公司的实际经营情况与系统所得出的预警结果基本一致。展望未来，本章内容还存在一些问题需要进行改进与完善，特别是要重视非财务数据。

本章的财务风险预警模型建立完全立足于公司的财务指标，根据公司每年的财务数据对公司的风险进行分析。由于很多非财务类的指标难以进行量化，无法为其设计一个计算模型，所以放弃了非财务类指标的风险分析。现实生活中，影响公司运行的因素多种多样不容忽视，如此放弃一些指标只根据财务指标进行风险预警必然对预警的准确性结果产生影响。虽然在最后对财务风险进行分析时结合了企业内外部的环境因素考虑，但是无法体现在预警系统中，因此需要研究更加完善的财务风险预警模型。

第七章

J集团财务风险评价研究

在复杂环境下，房地产企业在运营过程中存在过长的投资周期以及过大的资金需求，极易被环境因素影响。因此，相比于其他行业而言，房地产企业容易面临更严重的财务风险。

第一节　J集团面临的环境与财务状况

房地产企业对资金的使用和周转有着较高的要求。从历年财务数据来看，伴随着经营规模的不断加大，J集团资产负债率也一路攀升，2019年随着合同销售额达到2106亿元，其资产负债率达到了75.40%。在复杂环境下，公司发生财务风险的可能性大大提高。

一、J集团面临的复杂环境

（一）企业概况

J集团已发展成为一个以房地产开发为主营业务、多元业务全面发展的综合型上市公司。该公司2001年在上交所上市（600383.SH），业务涵盖房地产开发、商用地产及产业园镇开发运营、房地产金融、物业服务、体育产业运营、家装产业、代建产业、教育产业等。截至 2019 年末，J 集团总资产约 3348 亿元人民币，归属于股东净资产约 541 亿元人民币，连续多年入选福布斯全球企业 2000 强、《财富》中国 500 强榜单。

（二）面临的环境

近年来，企业面临的环境日益复杂。2018 年来，在楼市及金融双调控背景下，房地产企业资金面不断紧缩，高负债房企在经历了高速发展后处于危险关头。2019 年房地产行业销售放缓，给企业的经营带来更大压力。2021 年 1 月 1 日起，“三道红线”融资新规在房地产行业全面推行。在“三道红线”穿透式监管下，企业通过“杠杆撬规模”的发展模式被阻断，企业资金压力巨大。进入 2023 年，房地产政策面临松绑现象，但仍难恢复昔日的高速发展势头。在这种背景下，房地产企业加强风险意识，有效识别出财务风险，并针对性提出有效可行的控制措施是十分重要的。

本章从 J 集团的投资、筹资、营运、以及分配等方面，运用 Z 值分析法对 J 集团存在的财务风险进行评估，以助于公司的财务风险防控。

二、J 集团的财务状况

（一）公司历年的财务数据分析

公司历年的财务数据如表 7 – 1 所示。

表7-1　　J集团2011～2019年财务数据

指标	2011年	2012年	2013年	2014年	2015年	2016年	2017年	2018年	2019年
总资产（万元）	9050005	10252004	12302633	12466741	13034615	15363426	20704207	27835503	33481507
总负债（万元）	6435828	7152451	8589088	8414794	9173007	10053039	14998610	21187747	25244653
资产负债率（%）	71.11	67.75	69.31	67.50	65.83	65.43	72.13	76.12	75.40
主营业务收入（万元）	2391851	3286336	3483584	4563638	3273327	5532948	3733221	5031182	6308421
主营业务利润（万元）	684451	752968	652756	915347	640777	1137624	962824	1573911	1971495
净利润（万元）	301723	338525	360883	399745	320035	630046	684268	809842	1007524
流动比率（%）	1.80	1.97	1.83	1.94	1.80	1.82	1.63	1.62	1.44
应收账款周转率（次）	3057.43	8764.90	4937.74	2962.70	682.75	813.08	605.74	608.45	324.36
存货周转率（次）	0.27	0.33	0.35	0.42	0.30	0.52	0.31	0.20	0.30
净利润增长率（%）	19.41	27.41	-5.38	10.06	-2.43	77.07	10.51	27.72	27.76
销售净利率（%）	15.64	14.50	12.95	10.88	14.80	15.50	25.39	24.06	24.51

从表7-1中可以看出，J集团总资产规模呈现快速上涨的趋势。从2011年到2019年这几年期间，J集团的总资产规模一直呈现上升的趋势。2019年的总资产规模较2011年增长了近270%，是2011年的3.7倍。自2017年开始，公司负债规模大幅增加。2019年，公司负债总额已经占到了公司总资产的一半以上，给公司带来了一定的风险。从资产负债率来看，2018年全国前50家房地产企业过半数资产负债率超过80%，对比J集团2019年资产负债率为75.4%，超过70%警戒线，但低于行业平均线81.1%，这一指标相对良好。公司的主营业务收入和利润不断上涨，同时

净利润也有一定的涨幅。从公司近年来的应收账款周转率来看，从2015年开始出现大幅度下降，说明公司管理应收账款效率有待提高。

（二）杜邦财务分析

杜邦分析法把净资产收益率当作核心指标，它的做法是把公司的净资产收益率分别分解为几个不同的部分，这样就可以从不同层面分析出公司的财务问题。该体系以权益净利率为龙头，以资产净利率和权益乘数为核心，重点揭示其获利能力以及权益乘数对权益净利率的影响。具体结果如表7-2、图7-1、图7-2所示。

表7-2　　权益净利率因素分析

杜邦分析	2011年	2012年	2013年	2014年	2015年	2016年	2017年	2018年	2019年
权益净利率（%）	14.61	14.40	12.40	12.7	9.53	16.83	16.79	17.43	18.63
资产净利率（%）	4.58	4.82	3.90	3.99	3.67	5.85	5.24	4.98	5.04
权益乘数	3.46	3.1	3.26	3.08	2.93	2.89	3.59	4.19	4.06
销售净利率（%）	15.64	14.50	12.95	10.88	14.80	15.50	25.39	24.06	24.51
总资产周转率	0.29	0.33	0.30	0.37	0.25	0.38	0.21	0.21	0.21
权益净利率变动（%）	—	-0.21	-2.00	0.30	-3.17	7.3	-0.04	0.64	1.2
销售净利率变动影响（%）	—	-1.14	-1.59	-2.02	4.47	0.51	10.86	-1.00	0.38
总资产周转率变动影响	—	0.02	-0.01	0.02	-0.05	0.06	-0.12	0	0
权益乘数变动影响	—	-0.02	0.01	-0.01	-0.01	-0.01	0.04	0.03	-0.01

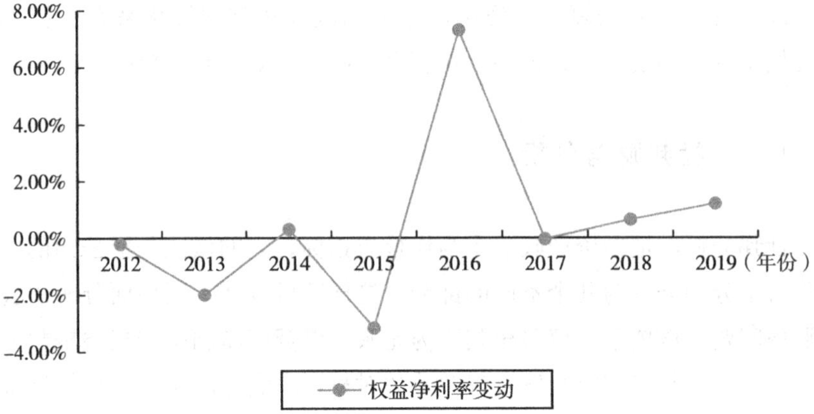

图7－1　权益净利率的变化

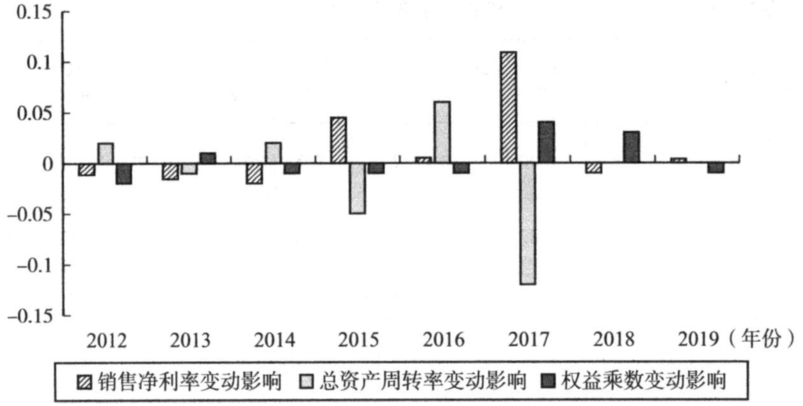

图7－2　权益净利率因素变动影响

由表7－2、图7－1、图7－2可知，权益净利率绝对值变化最大的两个年度分别是2015年和2016年，而在其他年度，变化相对不大。2015年权益净利率下降最主要的因素是总资产周转率的下降，它使权益净利率降低了5%。而销售净利率的提高，使权益净利率增加了4.47%，以及权益乘数减少1%，三因素共同影响下使得权益净利率下降了3.17%。

通过杜邦分析可知，公司的财务状况比较稳定，但仍存在潜在的风险，如资产净利率出现了下滑趋势，存货的数量呈现逐渐上升的趋势，流动性也比较差。

近年来，在复杂环境下，受疫情影响，我国经济短期遭到了较大冲击，售楼处销售活动的暂停、企业复工时间的延后等都直接对新房销售及房地产企业短期资金回笼和开发投资产生了影响。企业要想获得长期稳定的发展，就必须将可能出现的潜在财务风险进行有效的评价。仅通过以上分析无法充分评价出J集团面临的财务风险，因此本章将通过构建模型来做进一步阐释，Z模型的采用是全面考虑了公司的各种情况而制定出来的。因此，运用Z模型对J集团进行财务风险评价研究有实际的应用价值。

第二节　J集团财务风险评价模型构建

一、Z模型的构建

在实际的日常工作中，Z模型对于企业财务部门的管理工作起到了非常好的帮助作用，可以有效地预警财务困境的出现和发生。虽然该模型也存在一定的不足之处，但是它确实对公司的财务工作起到了至关重要的作用。

Z模型是由阿尔特曼提出，该模型的建立是全面考虑了公司的各种情况制定出来的。可见，运用Z模型对J集团进行财务风险评价有着实际的应用价值。

该模型的公式为：

$$Z=1.2X_1+1.4X_2+3.3X_3+0.6X_4+0.999X_5 \tag{7.1}$$

其中，X_1 = 净营运资本/总资产 = (流动资产 − 流动负债)/总资产，X_2 = 留存收益/总资产，X_3 = 息税前收益/总资产 = (利润总额 + 财务费用)/总资产，X_4 = 优先股和普通股市值/总负债 = (股票市值 × 股票总数)/总负债，X_5 = 销售收入/总资产。

其财务预警标准判定分数的临界值范围为：

$Z \leqslant 1.1$：企业的经营状况不容乐观，公司资产达到了边缘的状态；

$1.1 < Z < 2.6$：企业的财务情况存在着一定的风险和漏洞，很有可能会面临着停业整顿的风险；

$Z \geqslant 2.6$：则企业运营状况良好，暂无财务困难。

阿尔特曼经过一系列的分析和计算，最终得出了借款人违约的确定数值 $Z_0 = 2.675$。如果 $Z < 2.675$，借款人出现了违约的情况；反之，如果 $Z \geqslant 2.675$，则借款人并没有出现违约的情况。当 $1.81 < Z < 2.99$ 时，判断存在一定的失误，这部分被称为“未知区”或称“灰色区域”。

二、运用 Z 模型的分析结果

本章基于 J 集团公司 2011～2019 年这几年的财务数据，运用 Z 模型对公司财务问题进行了详细分析，得出了该公司各年度的财务风险状况，如表 7－3 所示：

表 7－3　　　　Z 模型情况表

时间项目	2011 年	2012 年	2013 年	2014 年	2015 年	2016 年	2017 年	2018 年	2019 年
流动资产	8823817	9804565	11003355	10785245	11702377	12474513	16997647	22763740	27082322
流动负债	4898034	4975367	6005252	5562600	6501458	6861617	10449406	14061293	18833024
总资产	9050005	10252094	12392633	12466741	13934615	15363426	20794207	27835503	33481597
X_1	0.43	0.45	0.40	0.42	0.37	0.37	0.31	0.31	0.25
留存收益	961737.31	1520265.01	1845376.44	2173577.42	2435223.44	2876233.84	3244547.26	3815116.53	4549140.06
总资产	9050005	10252094	12392633	12466741	13934615	15363426	20794207	27835503	33481597
X_2	0.11	0.14	0.15	0.17	0.18	0.19	0.16	0.14	0.14
利润总额	499433	588868	631188	711254	627966	1120526	1168028	1511091	1950922
财务费用	2125.91	9784.31	22399.11	29831.58	25330.1	－13605.2	－11760.98	－65335.46	10110.37
总资产	9050005	10252094	12392633	12466741	13934615	15363426	20794207	27835503	33481597
X_3	0.055	0.061	0.052	0.060	0.046	0.072	0.055	0.052	0.058

续表

时间项目	2011年	2012年	2013年	2014年	2015年	2016年	2017年	2018年	2019年
股东权益账面价值	2614178	3099644	3803546	4051947	4761608	5310387	5795596	6647756	8236944
总负债	6435828	7152451	8589088	8414794	9173007	10053039	14998610	21187747	25244653
X_4	0.41	0.48	0.44	0.48	0.52	0.53	0.39	0.31	0.33
本期销售收入	2391850.62	3286336.04	3483584.13	4563637.8	3276207.35	5550850.17	3766218.2	5069935.86	6341993.87
总资产	9050005	10252094	12392633	12466741	13934615	15363426	20794207	27835503	33481597
X_5	26.429	30.67	28.110	36.607	23.491	36.014	17.953	18.075	18.842
Z	1.3226	1.5058	1.356	1.6741	1.4881	1.6462	1.1873	1.042	1.023

可以看出，2011～2017年J集团的财务状况Z值均大于1.1，处在风险临界值以上，说明在这段时间里公司的财务状况还是比较平稳的。然而，2018年和2019年的财务状况Z值分别为1.042和1.023，均小于1.1，说明这两年J集团的财务状况不容乐观。

在复杂环境下，对于J集团公司未来的发展而言，要想使公司发展得更加顺利，获取更多的经济收益，在制定相应的经营策略时，应该从公司实际的经营状况以及环境变化情况考虑，制订出更加有利于公司发展的方案。

第三节　本章研究结论与展望

一、本章研究结论

本章选取J集团为研究对象。首先，通过对其财务风险初步识别，发现其存在一定的财务风险；其次，通过Z模型进一步验证了公司确实存在的财务风险；最后，根据已有的财务风险提出了具有针对性的控制措施。本研究主要得出了以下结论：

（1）根据J集团近九年主要财务数据，利用杜邦分析法得出公司的资产及净利润逐年增长，但负债规模也不断增加，初步判断出公司可能存在财务风险。

（2）运用Z模型对J集团近九年财务数据进行计算，根据最终的检验结果，发现J集团这几年总体风险较高。

（3）基于对J集团财务风险评价的结果，提出相应的改进建议。

本章的研究能够帮助J集团及其他房地产企业做好风险防控预案。对J集团来说，为了控制财务风险，需要建立多元化的融资渠道、加快资金的周转提高资金使用效率以及调整收益分配政策。具体如下：

（1）建立多元化的融资渠道。在复杂环境下，对于J集团来说，拥有足够的资金是公司应对风险的重要保障，所以必须要开拓更多的融资方式和融资渠道。通过融资渠道多元化，可以有助于公司未来的发展，还可以降低筹资风险。

（2）提高资金周转速度，降低公司营运风险。对于J集团而言，要想让公司发展得更加健康，必须在复杂环境下进一步提高公司应收账款的管理效率，进行动态跟踪分析，以降低公司的营运风险。

（3）优化公司收益分配计划。对于J集团而言，在复杂环境下，为了防患于未然，公司应该制定一条长期的利润分配计划。在我国房地产行业，由于公司的资本结构不完善，影响到了公司整体的发展。因为该行业的融资渠道相对比较单一，所以自有资产和自我融资是该行业未来优化的重要方向之一，这样有助于公司未来的发展。

二、本章研究展望

本章主要通过财务指标，对J集团的财务风险问题进行了一定的研究。但是，在财务风险防控体系建立的过程中，不仅仅只是关注财务数据方面，对于公司非财务方面的风险也应该引起足够的重视。

在复杂环境下，对一家企业而言，单纯依靠财务指标模型的方案是不完美的，同时也要考虑公司的非财务因素。虽然非财务指标在收集的过程中存在着一定的复杂性，但是相对于公司出现财务风险时所产生的损失，研究人员应该将其考虑计算在模型内。

第八章

X 公司财务风险预警研究

在复杂环境下，随着美国对华为等企业的制裁，我国的高级电子元器件进口受到了极大的影响。在这种环境下，我国通信设备制造业也受到了冲击，企业面临着各种各样的财务风险。

第一节 X 公司面临的环境与财务状况

X 公司是我国一家知名企业，其生产的手机以性价比高，售后服务优质等深受广大年轻人的喜爱。近些年来，X 公司虽然产品有所创新，但在同行之中规模增长已显乏力，所占有的中低端手机市场已经逐渐减小。并且，伴随着中美经济对抗加剧的影响，公司进口的高精尖部件的价格也有所上升。在市场竞争如此激烈的环境下，X 公司也有可能面临着一定的财务困境，建立财务风险预警体系非常必要。

一、X 公司面临的复杂环境

（一）公司概况

X 公司正式成立于 2010 年，是一家以手机为主营业务的互联网公司。

自 X 公司创立的第七年，年收入就超过了千亿元人民币。到 2018 年，X 公司的业务遍及全球 80 多个国家和地区。X 公司在 30 余个国家和地区的手机市场进入了前五名，特别是在印度，连续 5 个季度保持手机出货量第一。通过独特的“生态链模式”，X 公司投资带动了更多志同道合的创业者，同时建成了连接超过 1.3 亿台智能设备的物联网（IoT）平台。2018 年 7 月 9 日，X 公司成功在香港主板上市，成为了港交所首个同股不同权上市公司，创造了香港史上最大规模科技股首次公开募股（IPO），以及当时历史上全球第三大科技股的首次公开募股。

（二）X 公司面临的环境

1. 政治法律环境

从国际方面来看，随着中国国际地位的提高，中国成了以美国为首的西方国家最大的竞争对手。近年来，随着中美贸易战的不断摩擦升级，中国进口的高级电子元器件成本越来越高，甚至被“卡脖子”，根本买不到。

从国内方面来看，政府为了支持高科技产业，给高科技产业 15% 的企业所得税优惠政策，同时在开发新技术时研发费用可以在应纳税所得额中加计扣除。

2. 经济环境

2016 年我国经济增长速度为 6.7%，2017 年为 6.9%，2018 年为 6.6%，人民生活持续改善，国民经济保持在合理区间，整体态势稳中有进。

近年来，在复杂的环境中，我国经济增长放缓。目前，随着疫情的结束，我国经济形势相对稳定，有望恢复持续增长。尽管我国近些年的经济增长速度有所降低，但是依旧是世界上宏观经济比较稳定的大国之一。

3. 社会文化环境

随着社会的发展，互联网已经是人们日常生活中不可缺少的一部分，手机已成为了广大民众的日常必需品。X 公司的手机自发售以来，一直以较高的性价比和优质的售后服务著称。在手机快速更新换代的情况下，X 公司通过自身较高的性价比，可以让用户不用支付大量的费用，就可以获得最新的科技体验。

二、X公司的财务状况

（一）公司财务情况

表8－1和表8－2列出了X公司2015～2019年主要的财务数据和财务指标，以及通信设备制造行业主要财务指标的平均值。

表8－1　X公司2015～2019年主要财务指标情况　单位：百万元

年份	2015年	2016年	2017年	2018年	2019年
总资产	39136.5	50765.6	89869.8	145228.0	183629.2
负债	125774.8	142823.5	217080.5	73977.8	101971.5
所有者权益	－86638.3	－92057.9	－127270.7	71250.1	81657.7
营业收入	66811.3	68434.2	114624.7	174915.4	205838.7
净利润	－303.9	1895.7	5361.9	8554.5	11532.3

数据来源：X公司2015～2019年财务报表。

表8－2　通信设备制造业2015～2019年主要财务指标平均值

财务指标	2015年	2016年	2017年	2018年	2019年
速动比率（100%）	95.0	97.3	96.2	95.7	92.7
资产负债率（100%）	60.0	60.0	60.0	59.5	59.0
净资产收益率（100%）	4.2	4.2	4.5	4.6	5.0
总资产报酬率（100%）	3.9	4.1	4.3	3.6	3.7
营业利润率（100%）	9.8	10.1	10.4	10.1	10.1
总资产周转率	0.5	0.5	0.5	0.5	0.5
流动资产周转率	1.1	1.0	1.0	1.0	1.2

续表

财务指标	2015 年	2016 年	2017 年	2018 年	2019 年
资本保值增值率（100%）	101.0	101.0	100.5	101.1	103.0
营业利润增长率（100%）	9.2	9.0	9.0	5.0	2.5
总资产增长率（100%）	12.6	12.1	12.4	8.2	8.2

资料来源：国资委监督与考核评价局，2015～2019年《企业绩效评价标准值》。

X公司近5年的财务状况分析如下：

（1）企业资产总量一直保持在一个非常乐观的状态。在2015～2016年，企业的总资产增长率达到了29%，在2016～2017年，2017～2018年这两年的平均增长率更是达到了70%，如此高的增长率说明了在通信设备制造领域当中X公司的地位和筹资能力较高。在2018～2019年，X公司在拥有1452亿的总资产的情况下，增长率更是达到了26%，从2015～2019年5年间，X公司的总资产翻了四倍多，足以看出我国通信设备制造业的发展前景和X公司的潜力。

（2）在2015～2016年，X公司的营业收入增长并不是很高。但是随着海外市场的开拓，尤其是印度市场和欧洲市场的开拓，还有mix系列的推出，X公司的营业收入有了明显提高，这一年也被称为X公司的逆转之年。在2018年，X公司的营业收入增长率为53%。2019年营业收入的增长率为18%。

（3）分析净利润可以看出，在2015年的时候，X公司还处于亏损状态。但是，从以后几年的净利润可以看出，X公司的净利润始终处于高速增长的过程。2017年的增长率为282%，2018年增长率为60%，2019年增长率为35%，增长率的大小始终保持在高速的状态。

（二）公司财务风险分析

1. 偿债能力分析

X公司的偿债能力指标如表8－3所示。

表 8-3　　　　X 公司 2015～2019 年偿债能力指标

项目	2015 年	2016 年	2017 年	2018 年	2019 年
速动比率	98.3	96.1	95.0	123.6	113.9
行业平均值	95.0	97.3	96.2	95.7	92.7
资产负债率	321	281	241	50.9	55.5
行业平均值	60.0	60.0	60.0	59.5	59.0

资料来源：X 公司 2015～2019 年财务报表。

从表 8-3 可以看出，X 公司的速动比率在行业平均值上下浮动，在 2018 年取得了显著性的提高，这说明 X 公司的筹资能力较强，短期还款能力较强，基本不存在短期还款的风险。从 2015～2017 年的资产负债率来看，X 公司具有极大的长期还款风险，2018 年资产负债率低于平均值，是因为企业把可赎回优先股公允值计入了权益，不影响负债，所以指标正常。综上看来，X 公司的短期偿债能力较强，但是长期还债能力较弱，伴随有较大的财务风险。

2. 盈利能力分析

X 公司的盈利能力指标如表 8-4 所示。

表 8-4　　　　X 公司 2015～2019 年盈利能力指标

财务指标	2015 年	2016 年	2017 年	2018 年	2019 年
净资产收益率	0.3	-2.1	-4.0	12.0	14.1
行业平均值	4.2	4.2	4.5	4.6	5.0
总资产报酬率	-19.1	2.3	-46.5	9.6	6.6
行业平均值	3.9	4.1	4.3	3.6	3.7
营业利润率	2.1	5.5	10.7	0.7	5.7
行业平均值	9.8	10.1	10.4	10.1	10.1

资料来源：X 公司 2015～2019 年财务报表。

从表 8-4 可以看出，在 2015～2017 年间，X 公司的净资产收益率几乎为0，甚至为负，这是因为大量负债使得所得者权益为负导致的。但在2018年X公司上市之后，随着所有者权益的转正和净利润的大量增加，净资产收益率远高于平均值，说明X公司的盈利能力大幅提升，投资回报空间极大。

总资产报酬率以投资报酬为基础来分析企业获利能力，是企业投资报酬与投资总额之间的比率。在2015～2016年，X公司的总资产报酬率很低，甚至为负，在2017年X公司的总资产报酬率为－46.5%，这是X公司在为上市做准备。在2018年上市后，X公司在2018～2019年的总资产报酬率均远高于平均值，说明企业运营效率优秀。

营业利润率是营业利润与收入的比值，反映了一个企业的盈利能力。在2015～2019年间，X公司的营业利润率都小于或约等于平均值。

3. 营运能力分析

X公司的营运能力指标如表8－5所示。

表8－5　X公司2015～2019年营运能力指标

项目	2015年	2016年	2017年	2018年	2019年
总资产周转率	1.71	1.35	1.28	1.20	1.12
行业平均值	0.5	0.5	0.5	0.5	0.5
流动资产周转率	2.68	2.23	1.88	1.65	1.5
行业平均值	1.1	1.0	1.0	1.0	1.2

资料来源：X公司2015～2019年财务报表。

从表8－5中可以看出，在2015～2019年X公司的总资产周转率虽然每年都有所下降，但还是远高于行业平均值，说明了X公司具有较强的营运能力。

从表中可以看出，X公司在2015～2019年的流动资产周转率一直下降，虽然没有低过平均值，但是已接近平均值，说明X公司对流动资产的利用率正在逐渐降低，但仍保持在一个较好的水平。

4. 发展能力分析

X 公司的发展能力指标如表 8－6 所示。

表 8－6　　X 公司 2016～2019 年发展能力指标

财务指标	2016 年	2017 年	2018 年	2019 年
资本保值增值率	106.3	138.3	－56.0	114.6
行业平均值	101.0	100.5	101.1	103.0
营业利润增长率	1.75	2.23	－9.00	8.83
行业平均值	9.0	9.0	5.0	2.5
总资产增长率	29.7	77.0	61.6	26.4
行业平均值	12.1	12.4	8.2	8.2

资料来源：X 公司 2015～2019 年财务报表。

由表 8－6 可知，在 2016 年、2017 年和 2019 年 X 公司的资本保值增值率一直处于一个较高的水平，在 2018 年出现负值是因为企业把可赎回优先股公允值计入了权益，对公司没有不利影响；从 2016～2019 年的营业利润增长率来看，X 公司在前三年的数据均远低于平均值，在 2019 年的数据又远高于平均值，说明 X 公司在前三年其他领域投入较多；X 公司 2016～2019 年的总资产增长率远高于行业平均值，说明 X 公司在通信设备制造业处于领先地位，发展前景十分广阔。

在复杂环境下，当前我国通信设备制造业每家企业面对的压力都相当大。在通信设备制造行业中，破产失败的案例也不在少数。虽然 X 公司现在发展态势一片向好，但是稍微放松可能就会导致公司进入危险境地。企业如果能够对财务敏感，建立专业的预警体系，便可以及时完善相关制度，以防止意外的发生。

从 X 公司财务指标的分析中可以看出，X 公司的资产负债率、营业利润率严重偏离行业平均值。对 X 公司这样一家大型企业，改善企业当前经济状况是当务之急。因此，建立财务风险预警体系是十分必要的。

第二节 X 公司财务风险预警模型建立及应用

一、X 公司财务风险预警模型的构建

（一）财务指标的选取与分析

大部分学者在评估财务风险时，主要从四个方面进行分析，即偿债能力、盈利能力、营运能力、发展能力，本章也从这四个方面进行分析。在选取指标时，存在关联性较强的指标，为了避免这种重复性的干扰，采用皮尔逊相关性分析保留其中相关性较低的指标进行分析。下面是本章对 X 公司近 5 年的财务数据进行的皮尔逊分析，从中得到评价指标。

1. 偿债能力指标的选取

偿债风险常用指标有资产负债率、流动比率、速动比率等。本章也选取以上这三个指标作为偿债能力备选评价指标，经过相关性筛选确定偿债能力评价指标。2015～2019 年 X 公司偿债风险指标皮尔森（Pearson）相关性分析表如表 8－7 所示：

表 8－7 2015～2019 年 X 公司偿债能力指标皮尔逊相关分析表

皮尔逊相关性	流动比率	速动比率	资产负债率
流动比率	1	0.977	－0.859
速动比率	0.977	1	－0.949
资产负债率	－0.859	－0.949	1

可以看出，流动比率与速动比率的相关系数为 0.977，具有极高的相

关性，其中流动比率表示的是公司债务到期之前，公司的流动资产能够变现偿债的能力。而速动比率表示的是公司即刻变现偿债的能力，因此，速动比率更能表现一个企业的偿债能力，所以保留速动比率。而资产负债率与两者的关联性都不高，因此偿债能力指标选取速动比率和资产负债率。

2. 盈利能力指标选取

常用的盈利能力指标有净资产收益率、总资产报酬率、营业利润率、成本费用利润率等。本章选取这四个指标进行相关性分析，然后选定评价指标。结果如表 8－8 所示：

表 8－8　2015～2019 年 X 公司盈利能力指标皮尔逊相关分析表

皮尔逊相关性	净资产收益率	总资产报酬率	营业利润率	成本费用利润率
净资产收益率	1	0.988	－0.806	－0.802
总资产报酬率	0.988	1	－0.866	－0.884
营业利润率	－0.806	－0.886	1	1.000
成本费用利润率	－0.802	－0.884	1.000	1

可以看出，总资产报酬率与净资产收益率相关性为 0.988，相关性很高。但总资产报酬率反应的是企业所有者权益加负债的获利能力，而净资产收益率反应的只是企业自身持有资产的收益能力，因此总资产报酬率更能代表企业的财务风险评价指标。营业利润率与成本费用利润率的相关性为 1，说明两者完全相关，但营业利润率更能反映一个企业的盈利能力，因此保留营业利润率。所以 X 公司盈利能力指标选取总资产报酬率和营业利润率。

3. 营运能力指标选取

常用的营运能力指标有流动资产周转率、总资产周转率、应收账款周转率、存货周转率等。本章选取这四个指标进行相关性分析，然后选定评价指标。结果如表 8－9 所示：

表 8-9　　2015~2019 年 X 公司营运能力指标皮尔逊相关分析表

皮尔逊相关性	流动资产周转率	总资产周转率	应收账款周转率	存货周转率
流动资产周转率	1	0.988	-0.920	0.766
总资产周转率	0.988	1	-0.849	0.658
应收账款周转率	-0.920	-0.849	1	-0.957
存货周转率	0.766	0.658	-0.957	1

可以看出，流动资产周转率与总资产周转率的相关性达到了 0.988，但流动资产周转率表示的是企业对流动资产的利用率，而总资产周转率表示的是企业对于所有资产的利用率，因此选取总资产周转率作为营运能力指标。其他指标相关性都不高，因此选取总资产周转率、应收账款周转率、存货周转率作为营运能力评价指标。

4. 发展能力指标选取

常用的发展能力指标有资本保值增值率、营业利润增长率、总资产增长率、主营业务增长率等。本章选取这四个指标进行相关性分析，然后选定评价指标。结果如表 8-10 所示：

表 8-10　　2015~2019 年 X 公司发展能力指标皮尔逊相关分析表

皮尔逊相关性	资本增值保值率	营业利润增长率	总资产增长率	主营业务增长率
资本保值增值率	1	0.593	-0.209	-0.243
营业利润增长率	0.593	1	-0.583	-0.412
总资产增长率	-0.209	-0.583	1	0.965
主营业务增长率	-0.243	-0.412	0.965	1

可以看出，总资产增长率与主营业务增长率相关系数为 0.965，相关性较高。而其他指标的相关性较弱，总资产增长率更加全面，故保留总资产增长率。因此，发展能力指标为资本保值增值率、营业利润增长率、总资产增长率。

综上，本章为 X 公司构建的财务风险评价指标体系如表 8-11 所示：

表 8－11　　　　X 公司财务风险评价指标体系

风险组	指标	公式	说明
偿债风险	速动比率	速动资产/流动负债	反映企业短期内偿债能力的强弱
	资产负债率	总负债/总资产	反映企业对债权人的保障程度
盈利风险	总资产报酬率	(利润总额＋利息支出)/平均总资产	反映企业运用全部资产的总体获利能力
	营业利润率	营业利润/营业收入	反映企业获得利润的能力
营运风险	总资产周转率	营业收入/平均资产总额	反映企业整体资产的营运能力
	应收账款周转率	营业收入/平均应收账款	反映企业应收账款的周转速度及管理效率
	存货周转率	销售成本/平均存货	反映企业存货的变现能力
发展风险	资本保值增值率	期末所有者权益/期初所有者权益	反映企业资本的运营效益与安全状况
	营业利润增长率	本年营业利润增长额/上年营业利润总额	反映企业营业利润的增减变动情况
	总资产增长率	本年总资产增长额/年初资产总额	反映企业资产规模的增长情况

(二) 功效系数法指标权重的确定

根据上文的指标筛选，本章最后选出了 10 项财务指标。而这 10 项财务指标每项指标在整个指标体系中所占的权重是有差异的。本章的权重分配主要参照国资委颁布的《中央企业综合绩效评价实施细则》中的权重数据，该数据是通过对国企相关资料的统计分析，并采用一定的方法进行计算编制得到的。该权重主要是对财务指标赋权，因此，本章所采用的权重表是科学有效的。具体结果如表 8－12、表 8－13 所示：

表 8－12　　企业综合绩效评级指标及权重表

评价内容与权数		基本指标	权数	修正指标	权数
盈利能力状况	34	净资产收益率 总资产报酬率	20 14	营业利润率 盈余现金保障倍数 成本费用利润 资本收益率	10 9 8 7
资产质量状况	22	总资产周转率 应收账款周转率	10 12	不良资产比率 流动资产周转率 资产现金回收率	9 7 6
债务风险状况	22	资产负债率 已获利息倍数	12 10	速动比率 现金流动负债比率 带息负债比率 或有负债比率	6 6 5 5
经营增长状况	22	营业增长率 资本保值增值率	12 10	营业利润增长率 总资产增长率 技术投入比率	10 7 5

表 8－13　　X 公司财务指标权重分配表

风险组	总权数（100%）	单项评价指标	单项权重（100%）
偿债风险	22	速动比率	12.64
		资产负债率	9.36
盈利风险	34	总资产报酬率	16.65
		营业利润率	17.35
营运风险	22	总资产周转率	9.21
		应收账款周转率	5.36
		存货周转率	7.43
发展风险	22	资本保值增值率	6.34
		营业利润增长率	11.78
		总资产增长率	3.88

（三）预警标准值的确定

X公司为通信设备制造业，财务风险评价指标评价标准的确定主要参考的是国务院国资委财务监督与考核评价局在2015～2019年发布的《企业绩效评价标准值》，在这一报告中比较准确的显示了通信设备制造业的行业数据。每项指标都划分了5个等级，这样就方便企业与行业内情况作对比，表8－14和表8－15为本章所摘取的《企业绩效评价标准值》中的部分数据：

表8－14　2018年我国通信设备制造业企业绩效评价标准值

项目	指标	优秀值	良好值	平均值	较低值	较差值
偿债能力	速动比率	151.4	125.1	95.7	77.6	58.9
	资产负债率（%）	49.5	54.5	59.5	69.5	84.5
盈利能力	总资产报酬率（%）	9.0	6.5	3.6	-2.4	-5.7
	营业利润率（%）	22.7	15.0	10.1	3.0	-3.0
营运能力	总资产周转率（次）	1.5	0.9	0.5	0.4	0.3
	应收账款周转率（次）	3.8	2.4	1.5	0.7	0.5
	存货周转率（次）	8.2	4.3	2.5	1.6	0.9
发展能力	资本保值增值率（%）	111.4	106.3	101.1	96.1	89.4
	营业利润增长率（%）	15.1	8.1	5.0	-4.7	-17.1
	总资产增长率（%）	20.5	15.5	8.2	-0.8	-0.9

表8－15　2019年我国通信设备制造业企业绩效评价标准值

项目	指标	优秀值	良好值	平均值	较低值	较差值
偿债能力	速动比率	148.3	122.1	92.7	74.6	55.9
	资产负债率（%）	49.0	54.0	59.0	69.0	84.0
盈利能力	总资产报酬率（%）	9.2	6.6	3.7	-1.6	-5.7
	营业利润率（%）	22.8	15.0	10.1	3.0	-3.1

续表

项目	指标	优秀值	良好值	平均值	较低值	较差值
营运能力	总资产周转率（次）	1.5	0.9	0.5	0.4	0.3
	应收账款周转率（次）	6.1	4.6	3.6	2.9	2.6
	存货周转率（次）	8.4	4.5	2.7	1.8	1.1
发展能力	资本保值增值率（%）	114.4	107.4	103.0	97.1	92.3
	营业利润增长率（%）	12.5	5.6	2.5	-7.2	-19.6
	总资产增长率（%）	20.4	15.4	8.2	-0.8	-6.9

（四）财务风险预警等级的划分

在计算完权重和收集完相关资料之后，为了更加明了的表示财务风险的大小，需要对财务风险预警值划分预警区间。结合国务院国资委发布的《中央企业综合绩效评价实施细则》来确定 X 公司的财务预警区间，如表 8-16 所示：

表 8-16　　X 公司财务预警值区间

指数区间	风险等级	风险等级说明
[0.85，1]	无警	企业运营情况良好，基本没有财务风险
[0.70，0.85)	轻警	企业正常运营，财务稳定，个别财务数据异常，财务风险较小
[0.50，0.70)	中警	企业运转过程出现问题，财务情况不稳定，很有可能出现财务风险
[0.30，0.50)	重警	企业运营比较困难，有较大的财务问题，大部分指标不正常，发生财务风险可能性较大
[0，0.30)	巨警	公司运营非常困难，财务问题巨大，企业面临破产危险

二、X 公司财务风险预警模型的应用

（一）功效系数法的优化

功效系数法目前有两个主要的缺点：第一个缺点就是基础分与调整分的比重固定，不够灵活；第二个缺点就是满意值与不允许值划分简单，全面性不够。因此，本章对传统功效系数法进行优化，具体调整如下：

1. 增加评价标准档数

传统的功效系数法只有满意值和不满意值两个档次，如果评价对象在这两个值之间，便只能从两个中选其一，从而无法精确评价企业的财务风险。因此，通过《企业绩效评价标准值》中对企业财务指标的划分，本章将原来的两档变成了六档，具体的评价标准如表 8－17 所示：

表 8－17　　评价等级表

评价标准	大于等于优秀值	大于等于良好值	大于等于平均值	大于等于较低值	大于等于较差值	小于较差值
标准系数	1.0	0.8	0.6	0.4	0.2	0

2. 调整基础分与调整分的比例

传统的功效系数法不够灵活，主要是因为分配分值太过固定，导致评价结果不够准确，也不能反应企业的精确财务风险情况。为了提高准确性，本章将基础分与调整分的固定比重改为变动比重，优化后的公式为：

本档基础分＝指标权数×本档标准系数

上档基础分＝指标权数×上档标准系数

调整分＝单项功效系数×（上档基础分－本档基础分）

单项指标评分值＝本档基础分＋调整分

功效系数＝（指标实际值—本档标准值）/（上档标准值—本档标准值）

$$单项指标评价指数 = 单项指标评分值/单项指标权数$$

$$综合评价指数 = \sum 单项指标评价指数/100\%$$

（二）X 公司财务风险预警值计算

通过功效系数法来处理 X 公司 2018 年和 2019 年的财务数据，最终可以得到 X 公司各项指标的风险评估指数。具体的计算结果如表 8－18 ~ 表 8－22 所示：

表 8－18　　2018 年 X 公司单项财务风险指标

项目	指标	实际值	标准系数	指标权重	基础分	功效系数	调整分	单项评分
偿债能力	速动比率	123.6	0.6	12.64	7.59	0.95	2.39	9.98
	资产负债率	50.9	0.8	9.36	7.49	0.72	1.35	8.84
盈利能力	总资产报酬率	9.6	1	16.65	16.65	0	0	16.65
	营业利润率	0.7	0.2	17.35	3.47	0.62	2.14	5.61
营运能力	总资产周转率	1.2	0.8	9.21	7.37	0.5	0.92	8.29
	应收账款周转率	15.21	1	5.36	5.36	0	0	5.36
	存货周转率	5.18	0.8	7.43	5.94	0.23	0.34	6.28
发展能力	资本保值增值率	－56	0	6.34	0	0	0	0
	营业利润增长率	－90	0	11.48	0	0	0	0
	总资产增长率	62	1	3.88	0	0	0	3.88

表 8－19　　2018 年 X 公司财务风险评价综合指标

项目	指标	单项评分	指标权重	单项指数	分组指数	综合指数
偿债能力	速动比率	9.38	12.64	0.80	0.87	0.69
	资产负债率	8.84	9.36	0.94		
盈利能力	总资产报酬率	16.65	16.65	1	0.66	
	营业利润率	5.61	17.35	0.32		

续表

项目	指标	单项评分	指标权重	单项指数	分组指数	综合指数
营运能力	总资产周转率	8.29	9.21	0.9	0.92	0.69
	应收账款周转率	5.36	5.36	1		
	存货周转率	6.28	7.43	0.85		
发展能力	资本保值增值率	0	6.34	0	0.33	
	营业利润增长率	0	11.48	0		
	总资产增长率	3.88	3.88	1		

表 8-20　　2019 年 X 公司单项财务风险指标

项目	指标	实际值	标准系数	指标权重	基础分	功效系数	调整分	单项评分
偿债能力	速动比率	113.9	0.6	12.64	7.58	0.72	1.82	9.40
	资产负债率	55.5	0.6	9.36	5.62	0.7	1.31	6.93
盈利能力	总资产报酬率	6.6	0.8	16.65	13.32	0	0	13.32
	营业利润率	5.7	0.4	17.35	6.94	0.38	1.32	8.26
营运能力	总资产周转率	1.12	0.8	9.21	7.37	0.37	0.67	8.04
	应收账款周转率	15.25	1	5.36	5.36	0	0	5.36
	存货周转率	5.44	0.8	7.43	5.94	0.24	0.36	6.30
发展能力	资本保值增值率	115	1	6.34	6.34	0	0	6.34
	营业利润增长率	883	1	11.48	11.48	0	0	11.48
	总资产增长率	26	1	3.88	3.88	0	0	3.88

表 8-21　　2019 年 X 公司财务风险评价综合指标

项目	指标	单项评分	指标权重	单项指数	分组指数	综合指数
偿债能力	速动比率	9.41	12.64	0.74	0.74	0.82
	资产负债率	6.93	9.36	0.74		
盈利能力	总资产报酬率	13.32	16.65	0.8	0.64	
	营业利润率	8.26	17.35	0.48		

续表

项目	指标	单项评分	指标权重	单项指数	分组指数	综合指数
营运能力	总资产周转率	8. 04	9. 21	0. 87	0. 91	0. 82
	应收账款周转率	5. 36	5. 36	1		
	存货周转率	6. 30	7. 43	0. 85		
发展能力	资本保值增值率	6. 34	6. 34	1	1	
	营业利润增长率	11. 48	11. 48	1		
	总资产增长率	3. 88	3. 88	1		

表 8－22　2018～2019 年 X 公司财务风险评价指数对比表

项目	指标	单项指数		分组指数		综合指数	
		2018 年	2019 年	2018 年	2019 年	2018 年	2019 年
偿债能力	速动比率	0. 80	0. 74	0. 87	0. 74	0. 69	0. 82
	资产负债率	0. 94	0. 74				
盈利能力	总资产报酬率	1	0. 8	0. 66	0. 64		
	营业利润率	0. 32	0. 48				
营运能力	总资产周转率	0. 9	0. 87	0. 92	0. 91		
	应收账款周转率	1	1				
	存货周转率	0. 85	0. 85				
发展能力	资本保值增值率	0	1	0. 33	1		
	营业利润增长率	0	1				
	总资产增长率	1	1				

由表 8－18、表 8－19、表 8－20、表 8－21、表 8－22 可以看出，X 公司在 2018 年的财务风险评价指数为 0. 69，属于中警状态，具有比较大的财务风险；在 2019 年属于轻警状态，有一定概率出现财务风险。下面对 X 公司的各财务能力进行逐个分析：

（1）偿债能力分析。可以看出，X 公司的速动比率在 2018～2019 年的速动比率为 0. 80 和 0. 74，均为轻警状态。速动比率是一家企业对于流动资金利用率的体现，需要引起管理层的一定重视。资产负债率的指标为0.94和0.74，资产负债率是一个企业对于负债管理的重要体现，也是一个企业最重要的财务指标之一。在2018年时X公司的资产负债属于无警状态，但2019年直接下降了20个百分点，变为轻警状态。偿债能力指标在2018年和2019年分别为0.87和0.74，下降了13个百分点，由无警变为了轻警，X公司应对自己的债务进行管理，避免坏账的出现，完善企业的债务结构，保证企业的长期偿债能力和短期偿债能力。

（2）盈利能力分析。可以看出，X公司的总资产报酬率在2018年和2019年分别为1和0.8，为无警和轻警状态。总资产报酬率是反应企业总体获利能力的指标，虽然为轻警状态，但是根据近几年X公司总资产报酬率的情况，经过一些调整就可以回到无警状态。营业利润率在2018年和2019年分别为0.32和0.48，均为重警状态，说明X公司的营业利润指标具有严重的财务风险，营业利润率反映了一个企业获取利润的能力，如果不加以改变，企业的自身发展就会受到很大的限制。虽然总资产和其他方面看起来很好，但是企业自身并没有什么发展空间，X公司应尽快调整，使企业的营业利润提高。X公司盈利能力指标在2018年和2019年都处于中警状态，需要尽快对企业的盈利模式和结构进行调整，保证企业的正常发展。

（3）营运能力分析。可以看出，X公司的总资产周转率、应收账款周转率、存货周转率均处于无警状态，营运能力指标在2018年和2019年也是处于无警状态，说明企业的运营状况良好，基本上不存在财务风险。

（4）发展能力分析。可以发现，资本保值增值率和营业利润增长率在2018年和2019年出现了两个极端，而总资产增长率却一直很好，这是因为2018年X公司上市，把可转换可赎回优先股转换成了权益计入了权益，所以2018年的数据正常，但应主要考虑2019年的数据。从2019年的数据可以看出，X公司的各项数据都非常健康，企业不存在发展风险，发展潜力巨大。

综上，X公司在营运能力和发展能力方面做的很好，基本不存在财务风险。但是在偿债能力和盈利能力方面有较大的风险，尤其是盈利能力方面。作为一家大型企业，X 公司应在这两方面尽快找出原因，调整产业结构，避免财务风险的发生。

第三节 本章研究结论与展望

一、本章研究结论

本章对 X 公司财务数据进行了收集和分析，并通过功效系数法对 X 公司构建了财务风险预警模型。主要研究结论如下：

第一，X 公司总体财务风险情况较好，但仍存在财务风险。通过对 X 公司财务情况的分析，发现 X 公司的营运能力和发展能力非常强大，符合一个大型通信设备制造企业的标准，但在偿债能力和盈利能力方面的表现有所欠缺。

第二，功效系数法具有一定的实用价值。本章运用功效系数法，通过对 X 公司主要的财务指标进行分析，发现了 X 公司的财务风险。功效系数法在使用过程中可以利用 Excel 等软件进行公式的建立和计算，方便快捷，通过各个指标的得分，判断企业所面临的财务风险。

本章的研究能够帮助 X 公司及时了解自身的财务隐患，提出优化措施。对 X 公司来说，为了控制财务风险，需要采取如下对策：

（1）完善财务风险控制体系。

根据查阅到的资料，X 公司目前的财务风险控制体系并不完善。X 公司在经营过程中，会将可能存在的财务风险进行分类和说明，但并没有对财务风险进行细致的计算和评估。这说明 X 公司并没有一套完善的风险控制体系。虽然 X 公司总体外部风险看起来较低，但是如果对可能存在的财务风险疏于防范，时间长了必然会出现较大的财务漏洞。虽然 X 公司将财务风险单独列了出来，但是如果没有一套完整科学的风险评估体系，就会对财务风险不够重视。

（2）设立独立的财务风险监管部门。

从X公司现在的部门结构来看，X公司目前并没有主管财务风险的部门，财务风险分析分工并不明确。X公司应该成立一个财务风险部门，该部门主要由熟悉公司资产结构和具有丰富财务风险处理经验的人员组成，主要观察企业财务的变化情况并及时进行分析，及时向管理层汇报，避免财务风险的出现。

（3）优化产品结构，提高盈利能力。

X公司近几年的营业利润率很低，这和企业的产品和生产计划都有关系。X公司的手机曾经就以发热严重深受用户诟病，X公司应对用户反馈进行整理，避免相同问题在不同代产品的重复出现。同时，X公司应加强产品质量监督，淘汰不合格产品。对企业的销售成本也应加以控制，在企业的市场份额和销售规模同时增长的情况下，把企业的营业利润也搞上去，提高盈利能力。

二、本章研究展望

本章分析财务风险时所利用的数据均为X公司的财务数据。在复杂环境下，X公司这样的大企业的非财务数据也非常重要，本章并未对X公司的非财务数据进行分析。

目前，国内外学者针对非财务指标已经进行了一定的研究。未来的研究工作，可以在原有体系的基础上增加外部审计、政策因素等方面的非财务指标，以进一步加深研究。

第九章

M 集团财务风险预警研究

近年来，我国家用电器企业的国内外市场环境发生了重大变化，日益复杂。这些复杂的变化会影响家电类上市企业的经营活动，若应对不好则有可能导致企业发生财务风险。因此，在复杂的环境下，进行家用电器企业财务风险预警研究具有重要意义。

第一节　M 集团面临的环境与财务状况

目前，在生产规模和产品多样性方面，我国已经确立了全球领先的家用电器生产国地位，且我国的家用电器企业正处于向数智化发展的转型期。在这一发展过程中面临的复杂环境背景下，我国家用电器上市企业有效防范财务风险对于企业做大做强具有重要意义。基于此，本章的研究目标主要有两个：一是结合相关理论以我国家用电器类上市公司为例，构建财务风险预警分析模型；二是检验构建的模型的准确性，并据此分析 M 集团的财务风险情况。

一、M 集团面临的复杂环境

（一）公司概况

M 集团作为一家家用电器制造企业集团，创立于 1968 年。在 2016 年进入世界 500 强，在 2021 年成为中国上市家电企业市值第一名，总市值超过第二名格力电器的 2 倍以上（见表 9－1）。M 集团为了适应新的发展需求，对业务范围进行了调整，调整后包括 5 大业务板块，每个业务板块下面又包括不同的业务。5 大业务板块共同推动 M 集团实现高质量转型发展。

表 9－1　2021 年家用电器上市公司市值排名前 20

排名	证券代码	企业名称	总市值（亿元）
1	SZ000333	M 集团	5156
2	SZ000651	格力电器	2190
3	SH600690	海尔智家	2089
4	SZ002050	三花智控	980.6
5	SH603486	科沃斯	863.5
6	SH688169	石头科技	543.1
7	SZ00203	苏泊尔	503.3
8	SH605117	德业股份	467.3
9	SZ002508	老板电器	341.8
10	SH688696	极米科	276
11	SZ002429	兆驰股份	220
12	SZ000921	海信家电	206.5
13	SZ002705	新宝股份	204.2

续表

排名	证券代码	企业名称	总市值（亿元）
14	SZ300894	火星人	199.1
15	SH603868	飞科电器	189.1
16	SZ002242	九阳股份	177.9
17	SH600060	海信视像	173.4
18	SH603355	莱克电气	168.5
19	SZ000016	深康佳 A	157.7
20	SH600839	四长虹	152.8

数据来源：万德金融终端。

（二）M 集团面临的环境

从国内国际市场环境来看，2020 年我国家用电器国内市场规模在下降，国际出口增加。近两年的复杂环境给家电企业的发展带来了危机，新冠疫情在一定程度上转变了消费者的生活和消费习惯。但是危机中也存在着机遇，如线上与线下相结合的消费模式等正成为疫情下家电企业发展的新的机遇。根据中国家用电器研究院和全国家用电器工业信息中心发布的数据，2020 年家用电器行业国内市场零售规模为 7297 亿元，同比下降 9.2%；出口规模为 4582 亿元（不含彩电），同比增长了 24.2%。

产品变动环境方面，根据全国家用电器工业信息中心发布的数据，2020 年空调市场零售额共计 1475 亿元，比上年下降 22.8%。冰箱市场的零售额达到 930 亿元，同比下降 2.8%。厨卫产品的零售额下降 4.8%，达到 1674.4 亿元人民币。家电整体市场下降 0.5% 至 1284 亿元人民币，其中网上销售份额进一步上升至 68.8%。电饭煲等传统品类市场低迷，销售额为 136.1 亿元人民币，同比下降 13.2%，而新兴的健康小家电市场增长迅速，多样化和个性化的客户需求催生了许多细分品类，如榨汁杯、烤面包机、烹饪棒和早餐机。

从营销环境情况来看，线上市场成为主要销售渠道，线下市场渠道有所压缩。冰箱、洗衣机、厨卫电器和小家电等大部分品类在线上销售都有增长。大部分电器，特别是传统大电器销售量在下滑。但随着消费者信心逐渐恢复，高端电器市场快速增长，线下市场也成为一个优质消费的主要战场。根据国家家用电器工业信息中心的数据，2020 年，一级变频空调、400 升以上的冰箱、热泵烘干机、5000 美元以上的净水器和 4000 美元以上的吸尘器在线下市场的销量明显增加。

从技术信息环境来看，数字信息经济推动了线上线下加速融合等新的互动消费模式，如在互联网、人工智能和大数据的推动下，正在将零售业推向一个“全渠道、全场景、全链接”的新阶段。

二、M 集团的财务状况

作为我国最大的家电上市企业，M 集团财务状况总体来说较为良好，但是也存在着一些问题。下面从盈利能力、营运能力、偿债能力和发展能力四个方面，根据公开的财务数据，选取具有代表性的重要财务指标数据来对 M 集团的财务状况进行分析。

（一）盈利能力情况分析

M 集团的盈利能力指标如图 9 - 1 所示。

从盈利能力指标的结果来看，M 集团在这方面具有较好的优势。主要指标在过去 15 年间整体呈现上升的趋势，其中以成本费用利润率和销售净利率最为明显。这表明 M 集团在这两方面具有稳定的增长趋势。最主要的主营业务利润率虽然一直高于 15%，但是总体增长趋势并不明显，受疫情等因素影响 2020 年下降幅度较大。对于成本费用利润率来说在 2014 年之前总体呈现缓慢波动上升的趋势。销售净利率在 2015 年之后开始出现缓慢下降的趋势，但到 2020 年也依然维持在 15% 以上。

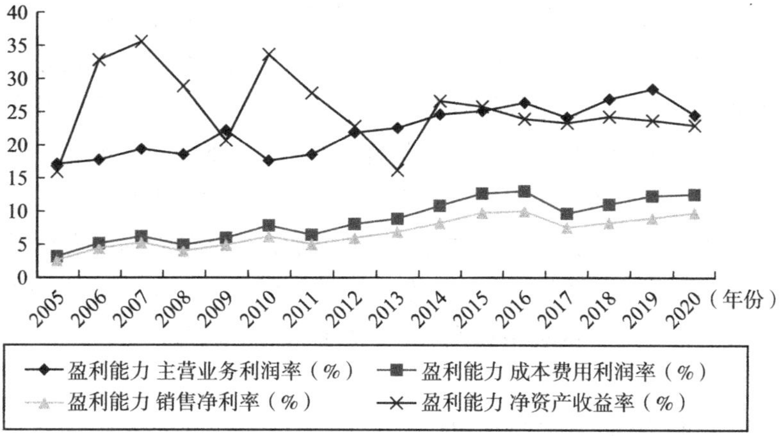

图 9－1　M 集团盈利能力指标发展趋势（2005～2020 年）

（二）营运能力情况分析

M 集团的营运能力指标如图 9－2 所示。

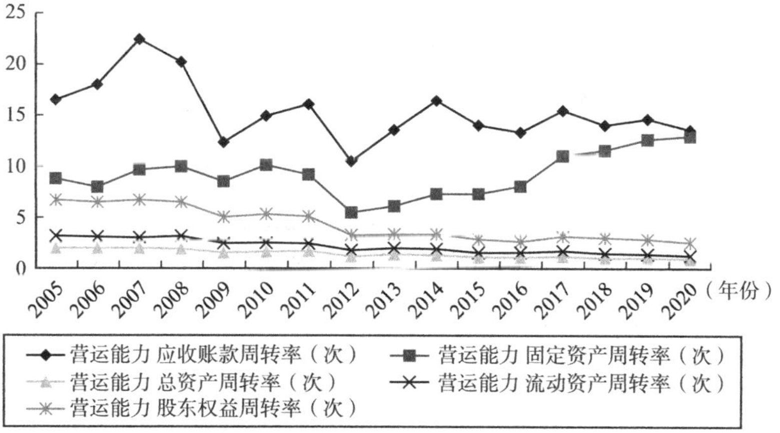

图 9－2　M 集团营运能力指标发展趋势（2005～2020 年）

从 2005 年到 2020 年来，M 集团的营运能力在缓慢下降。5 项营运能力指标中仅有固定资产周转率在上升，其余指标都在缓慢下降或波动式下降。其中，应收账款周转率2014年之前呈现波动式下降，最高点和最低点之间最大差距有10次。在2014年之后尽管依然具有下降的趋势，但是下降的幅度有所减缓，总体维持在10次以上。从5个衡量M集团营运能力的财务指标来看，M集团整体的营运能力在缓慢下降。这主要是因为M集团在不断发展壮大，组织结构、业务范围和业务种类等都在不断增加和扩大，使整个集团的总体营运难度也不断增加，整体的营运能力在缓慢下降。另外，M集团在固定资产周转率方面，2016年之后开始逐渐提升，表明集团在固定资产的利用和管理水平方面都有所提升。

（三）偿债能力情况分析

M集团的偿债能力指标如图9－3所示。

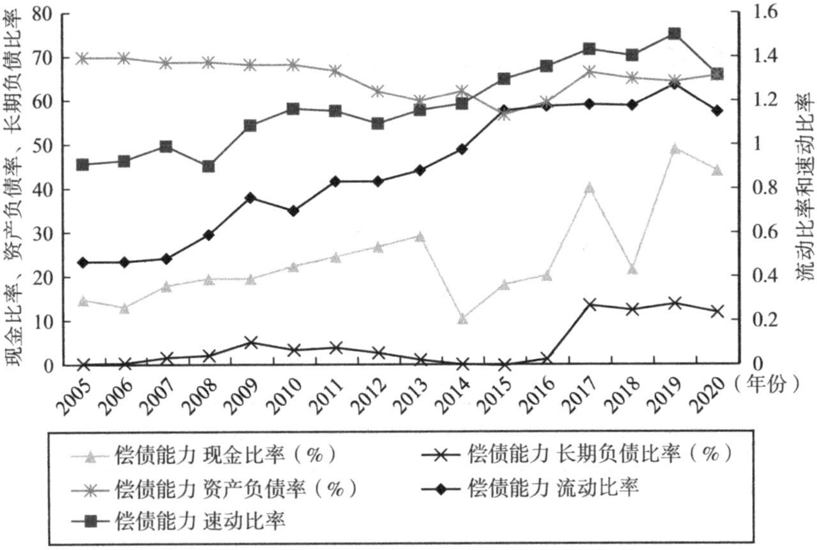

图9－3 M集团偿债能力指标发展趋势（2005～2020年）

从整体来看，M集团的偿债能力较强。但是个别指标需要注意，如资产负债率始终保持较高的水平。结合图9－3中的流动比率和速动比率以及现金比率来看，2015年之后M集团的流动比率整体小于2，速动比率始终大于 1，现金比率总体呈现波动式上升趋势，这表明 M 集团的资金流动性较好，具备较强的偿债能力。但是从 M 集团的资产负债率和长期资产负债率来看，资产负债率长期保持在 60% 以上。并且，长期资产负债率在 2016 年之后也开始增加，M 集团的债务较高。尽管 M 集团的现金偿债能力在逐渐增强，但是在其债务高居不下并且有上升趋势的情况下，M 集团的偿债能力依然需要进一步提升。

（四）成长能力情况分析

M 集团的成长能力指标如图 9－4 所示。可以看出，M 集团的成长能力整体呈现下降的趋势，但依然保持较强的发展能力。如图中所示，4 个发展能力指标在 2005 年到 2020 年之间的趋势整体呈现出一个波动式下降的特征。这是因为 M 集团的市值在不断增加，使维持高增长率较为困难。尽管总体趋势在波动式下降，但是除了 2012 年和 2015 年，4 项指标的增长率都维持正向增长。其中，主营业务收入增长率从 2013 年始终保持在 10% 以上。

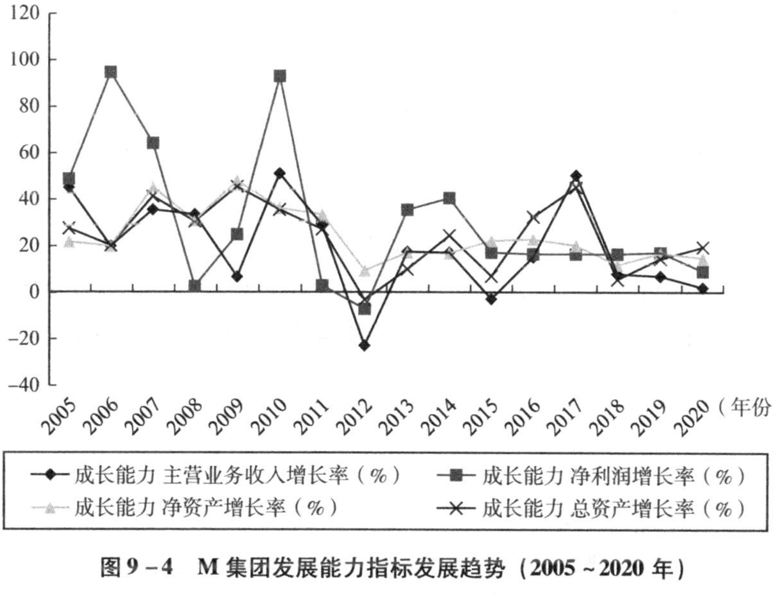

图 9－4　M 集团发展能力指标发展趋势（2005～2020 年）

第二节　M 集团财务风险预警模型建立及应用

一、M 集团财务风险预警模型的构建

（一）指标选取的原则

建立财务风险预警系统的最基本步骤是选择指标。在选择指标时，应注意确保这些指标能反映家用电器企业的特点，接近整个企业的财务状况，并且指标的数量应较为合理。为了防止因所选指标的过度偏差而导致财务风险估算错误，在选择指标时应考虑以下原则：

（1）敏感性原则。由于财务风险预警系统中的指标很多，因此必须选择易于获得、易于计算、能够快速反映企业财务活动的指标，以帮助企业自我评估财务风险，获得快速准确的财务风险预警结果，制定进一步的措施。

（2）可操作性原则。从早期的单变量风险预警模型到后来的离散型财务风险预警模型，模型逐渐变得复杂，指标也相应增加。简单高效的功效系数方法可以降低财务风险模型建立的复杂性，增加客观性。

（3）可预测性原则。构建财务风险预警模型的目的是预测风险，使企业能够提前预知风险程度，制订完整有效的解决方案，为决策者制定长期发展战略时提供参考。因此，在建立财务风险预警模型时，必须遵循可预测性原则。

（4）完整性原则。在选择指标的时候要多考虑从企业财务年报等途径获取数据，最大限度保证数据的真实性。此外，选择的数据应该能够完整地代表企业的财务情况。

（5）适应性原则。指标的选择应代表企业的整体情况，适应所要评估

企业的特点。

（二）企业财务指标的选取

大多数学者研究企业的财务风险都是从盈利能力、营运能力、偿债能力及成长能力这四方面入手，不同的企业在指标选取的方向上基本一致，只是在具体指标的选取上有些许差异。本章在指标选择上考虑到家用电器企业的特点，以及数据的收集难度，根据2021年公布的《企业绩效评价标准值》中的家电企业的指标，在盈利能力、营运能力、偿债能力、成长能力这四个方面最终确定以下指标作为备选指标，如表9-2所示：

表9-2　财务指标选择

指标项	指标	计算公式
盈利能力	成本费用利润率（%）	利润总额/成本费用总额×100%
	营业利润率（%）	营业利润/全部业务收入×100%
	资产报酬率（%）	(净利润+利息费用+所得税)/平均资产总额×100%
	净资产收益率（%）	净利润/净资产×100%
成长能力	主营业务收入增长率（%）	(本期主营业务收入-上期主营业务收入)/上期主营业务收入×100%
	净利润增长率（%）	(净利润增长额÷上年净利润)×100%
	总资产增长率（%）	本年总资产增长额/年初资产总额×100%
营运能力	应收账款周转率（次）	赊销收入净额/应收账款平均余额×100%
	存货周转率（次）	营业收入/存货平均余额
	总资产周转率（次）	营业收入净额/平均资产总额×100%
	流动资产周转率（次）	主营业务收入净额/平均流动资产总额×100%
偿债能力	速动比率	速动资产/流动负债
	资产负债率（%）	负债总额/资产总额×100%
	经营现金净流量对负债比率（%）	年经营现金净流量/年末流动负债×100%

（三）财务指标的相关性分析

为了保障同一指标项中的两个指标的异质性，同一指标项中的指标与指标之间需要排除相关性较高的两个变量之一，本章利用 SPSS 对各个指标进行相关性分析。

1. 盈利能力指标相关性分析

本书选择了 4 个指标代表企业的盈利能力，这些指标包括有成本费用利润率、营业利润率、资产报酬率、净资产收益率。通过对这 4 个指标的相关性进行分析发现，指标成本费用利用率、营业利润率两者的相关性超过 0.9，因此删去一个保留一个营业利润率。

2. 成长能力指标相关性分析

衡量家电企业成长能力指标主要有 3 个：主营业务收入增长率、净利润增长率、总资产增长率。通过皮尔逊相关性分析表明 3 个指标两两之间不存在相关系数超过 0.9 的情况。因此，将主营业务收入增长率、净利润增长率、总资产增长率 3 个指标作为衡量指标。

3. 营运能力指标相关性分析

本书选择 4 个指标代表企业的营运能力。这 4 个指标主要包括应收账款周转率、存货周转率、总资产周转率、流动资产周转率。通过对 4 个指标的相关性进行分析发现，指标总资产周转率和指标流动资产周转率相关性高于 0.9，因此删去其中一个，保留流动资产周转率。

4. 偿债能力指标相关性分析

本书选择了 3 个指标代表企业的偿债能力，包括速动比率、资产负债率、经营现金净流量对负债比率。通过对这 3 个指标进行相关性分析，发现相关系数都低于 0.9，因此 3 个指标都保留。

综上，经过指标的相关性分析，删去相关性较高的两个指标之一，最后筛选后的指标如表 9 – 3 所示：

表 9-3　　家用电器上市企业财务预警指标体系

指标项	指标	计算公式
盈利能力	营业利润率（%）	营业利润/全部业务收入×100%
	资产报酬率（%）	（净利润+利息费用+所得税）/平均资产总额×100%
	净资产收益率（%）	净利润/净资产×100%
成长能力	主营业务收入增长率（%）	（本期主营业务收入－上期主营业务收入）/上期主营业务收入×100%
	净利润增长率（%）	（净利润增长额÷上年净利润）×100%
	总资产增长率（%）	本年总资产增长额/年初资产总额×100%
营运能力	应收账款周转率（次）	赊销收入净额/应收账款平均余额×100%
	存货周转率（次）	营业收入/存货平均余额
	流动资产周转率（次）	主营业务收入净额/平均流动资产总额×100%
偿债能力	速动比率	速动资产/流动负债
	资产负债率（%）	负债总额/资产总额×100%
	经营现金净流量对负债比率（%）	年经营现金净流量/年末流动负债×100%

（四）功效系数法财务指标权重的确定

财务指标权重的确定使用熵值法进行计算。利用 SPSS 软件，基于 M 集团 2005～2020 年的财务指标数据，对各个财务指标的权重进行计算，得到了 2005～2020 年 M 集团财务风险指标权重。其中，盈利能力指标权重为 26.3%，成长能力指标权重为 21.4%，营运能力指标权重为 27.3%，偿债能力权重为 25%（见表 9-4）。

表 9-4　　财务指标权重

指标项	权重	指标	信息熵值 e	信息效用值 d	权重
盈利能力	0.263	营业利润率（%）	0.924	0.076	0.077
		资产报酬率（%）	0.89	0.11	0.111
		净资产收益率（%）	0.926	0.074	0.075

续表

指标项	权重	指标	信息熵值 e	信息效用值 d	权重
成长能力	0.214	主营业务收入增长率（%）	0.952	0.048	0.048
		净利润增长率（%）	0.895	0.105	0.106
		总资产增长率（%）	0.941	0.059	0.06
营运能力	0.273	应收账款周转率（次）	0.937	0.063	0.064
		存货周转率（次）	0.905	0.095	0.096
		流动资产周转率（次）	0.889	0.111	0.113
偿债能力	0.25	速动比率	0.896	0.104	0.105
		资产负债率（%）	0.95	0.05	0.051
		经营现金净流量对负债比率（%）	0.907	0.093	0.094

（五）财务风险预警标准值的确定

传统功效系数法采用的是满意值和不允许值两种标准值，本研究结合国务院国资委编制的《企业绩效评价标准值2021》中的家电行业的标准值设定了5个档次的标准值。如表9-5所示，5个档次由高到低分别为优秀、良好、平均、较低、较差。对应的标准系数为1、0.8、0.6、0.4、0.2。本研究所选择的营业利润率、资产报酬率、净资产收益率、主营业务收入增长率、净利润增长率、总资产增长率、应收账款周转率、存货周转率、流动资产周转率、速动比率、资产负债率、经营现金净流量对负债比率共12个指标的标准值参照《企业绩效评价标准值2021》中的标准值设定。

表9-5　　财务风险预警标准值的确定

指标项	评价标准档次	优秀	良好	平均	较低	较差
	标准系数	1	0.8	0.6	0.4	0.2
盈利能力	营业利润率（%）	16.8	10.5	5.2	-3.6	-13.2
	资产报酬率（%）	7.9	5.7	3.4	-2.9	-5.3
	净资产收益率（%）	11.3	6.8	3.5	-6.7	-13.3

续表

指标项	评价标准档次	优秀	良好	平均	较低	较差
	标准系数	1	0.8	0.6	0.4	0.2
成长能力	主营业务收入增长率（%）	18	9.6	2.2	-18.7	-28.9
	净利润增长率（%）	14.9	8.4	2.9	-18.2	-28.9
	总资产增长率（%）	11.8	8.7	3.8	-1.4	-9.9
营运能力	应收账款周转率（次）	16.2	13.2	9.1	5.4	3
	存货周转率（次）	8.6	5.3	4.1	2.6	1.9
	流动资产周转率（次）	2.2	1.7	1.3	0.9	0.7
偿债能力	速动比率	1.211	1.035	0.795	0.612	0.313
	资产负债率（%）	49	54	59	69	84
	经营现金净流量对负债比率（%）	14	7.2	5.2	-2.8	-9.3

（六）财务风险预警等级的划分

功效系数法的最后一步是划定财务风险评价等级。根据前面的标准值分为5档，参考《中央企业综合绩效评价实施细则》的等级划分，将财务风险预警等级划分为5个等级，即无警、轻警、中警、重警、巨警，具体如表9-6所示。

表9-6　　财务风险等级划分

预警等级	评价指数区间	财务状况	说明
无警	$0.85 \leqslant X \leqslant 1$	无风险	企业财务状况良好，经营运作较为顺畅。基本没有发生财务风险的可能
轻警	$0.7 \leqslant X < 0.85$	关注风险	企业财务状况正常，经营运作基本顺畅。尽管个别指标异常，但是发生财务风险的可能性较小
中警	$0.5 \leqslant X < 0.7$	较小风险	企业财务状况存在问题，经营运作不太顺畅。部分财务指标报警，发生财务风险的可能性较大

续表

预警等级	评价指数区间	财务状况	说明
重警	0.3≤X<0.5	较大风险	企业财务状况恶化，基本经营和运作存在困难。大部分财务指标报警，发生财务风险的可能性较大
巨警	0≤X<0.3	重大风险	企业财务随时可能存在破产，经营运作可能会中断。几乎所有财务指标都发出报警

二、M 集团财务风险预警实证结果分析

通过将 M 集团 2005～2020 年的财务数据代入模型后，计算得到 M 集团财务风险预警值。

（一）综合预警值分析

如图 9－5 所示，M 集团的财务风险总体为轻警状态，企业的总体财务状态基本正常，发生财务风险的可能性较小。但是，部分财务指标也存在异常状态，需要企业管理层引起注意。M 集团在 2005～2020 年间财务

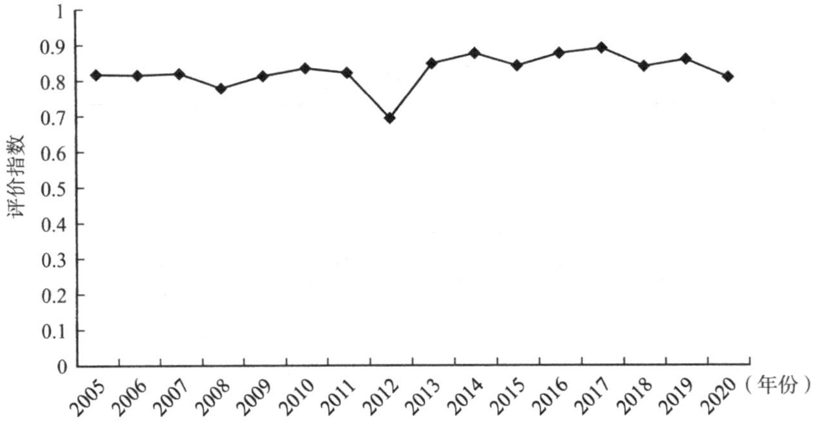

图 9－5 综合预警评价指数趋势（2005～2020 年）

风险预警指标总体大于等于0.7，即大部分年份处于财务风险预警、轻警状态，部分年份则达到了财务风险无警状态，如2014年、2016年、2017年等年份。从时间趋势来看，M集团在2017年之后财务风险状态开始呈现下降的趋势，到2020年从0.9的无警状态下降到了0.8左右的轻警状态。在复杂环境下，推测原因主要是公司受到营运能力和偿债能力两个方面的财务指标的影响。

（二）盈利能力、成长能力、营运能力、偿债能力风险预警分析

如图9-6所示，从盈利能力、成长能力、营运能力和偿债能力四方面来看，公司的盈利能力风险和成长能力风险基本处于无警状态。M集团在盈利能力方面和成长能力方面财务状态良好，基本没有可能发生这两个方面的财务风险。但是从营运能力和偿债能力两个方面看，这两方面财务指标的风险值波动较大。营运能力和偿债能力两个方面财务风险最高时达到了重警（较大风险）状态，风险最低时也处于轻警状态。并且，从财务风险变化趋势来看，2017年后这两方面的财务风险持续增加，从2017年的轻警（需要关注风险）状态恶化到了2020年的中警（较小风险）状态。2020年时，M集团在营运能力和偿债能力两个方面的财务指标存在异常，部分指标开始报警。因此，在复杂环境下，企业管理者需要重点关注营运能力和偿债能力两个方面的财务风险。

从财务风险的原因来说，营运能力和偿债能力两个方面在2017年之后财务风险增加。导致财务风险增加的原因主要有原材料价格上涨、生产成本提高、人民币汇率的波动，以及宏观经济背景下行等。到2020年这两方面的财务风险达到了中警等级，这是因为2020年新冠疫情影响了M集团的产品销售。此外，还由于疫情在海外一直没有得到抑制，导致海外工厂订单交付延迟，增加了偿债能力方面的财务风险。

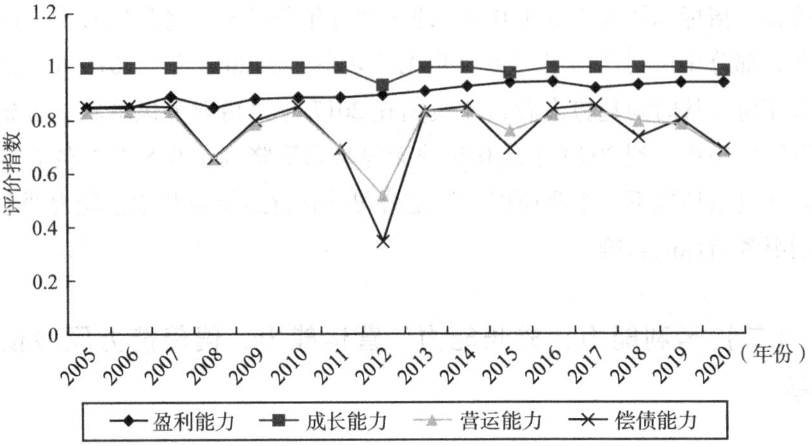

图9-6　四种能力预警评价指数趋势（2005～2020年）

（三）单项财务指标风险预警分析

如图9-7所示，具体分析M集团的12个财务指标风险预警结果发现，仅有资产报酬率、净资产收益率、资产负债率3项财务指标始终处于无警（无财务风险）状态。从长期来看，风险预警程度较高的财务指标有经营现金净流量对负债比率，该指标一直处于重警（较大风险）状态。流动资产周转率从2014年开始风险逐渐增加，到2020年该指标的财务风险

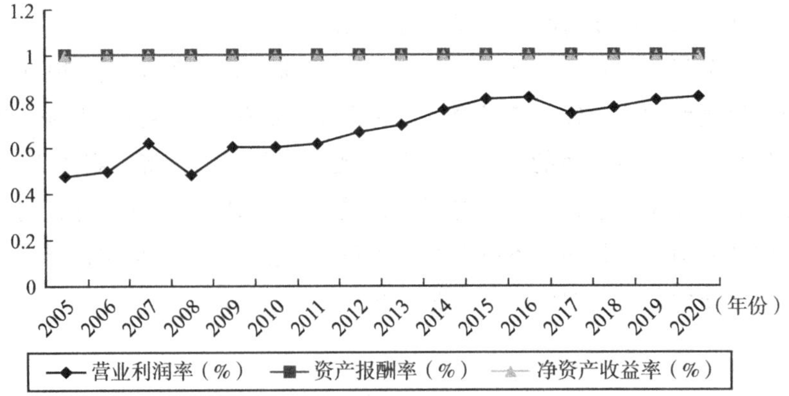

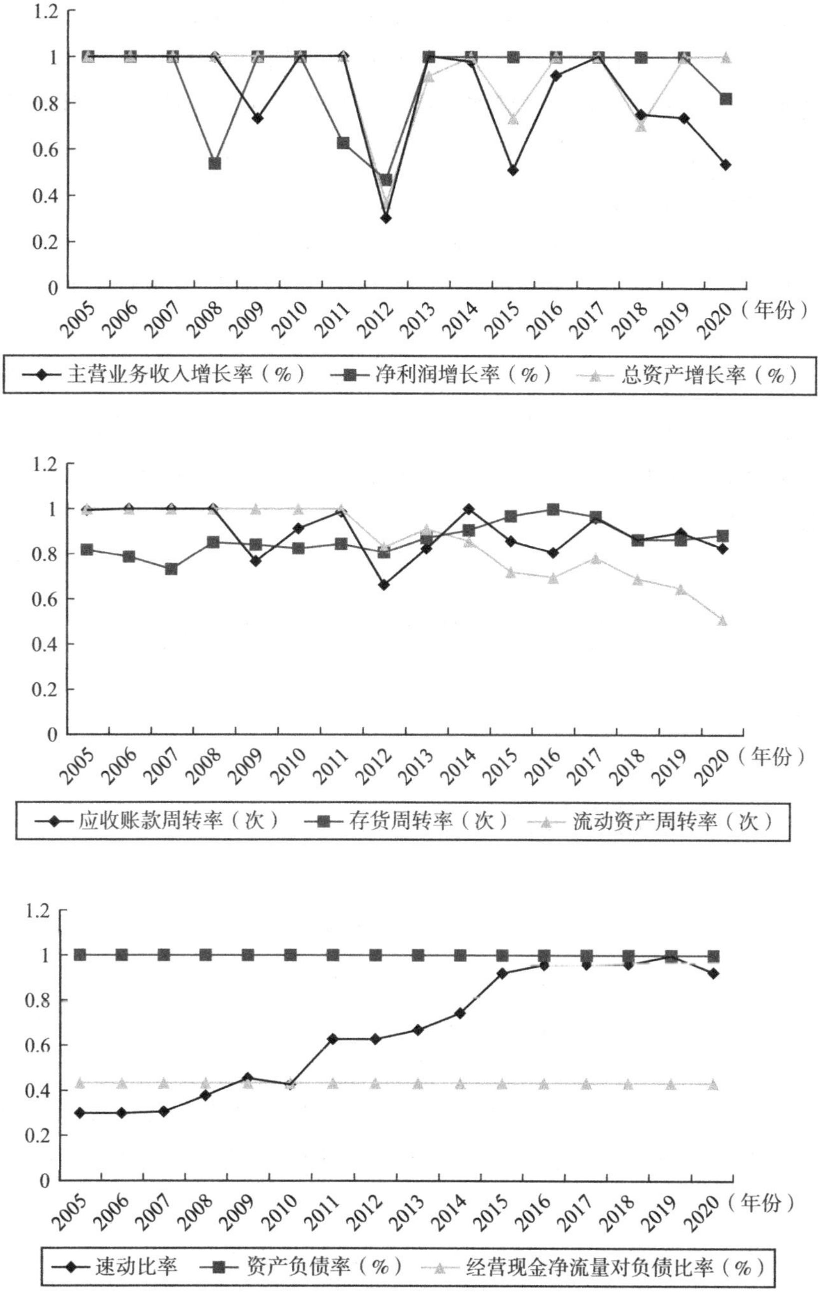

图9-7　单项财务指标预警评价指数趋势（2005~2020年）

达到了重警（较大风险）级别。此外，还有主营业务增长率也从 2017 年的无警（无风险）状态降到 2018 年的中警（较小风险）状态，再到 2020 年达到了重警（较大风险）状态。因此，企业管理者需要重点关注经营现金净流量对负债比率、流动资产周转率、主营业务增长率等 3 方面的财务指标恶化带来的财务风险。

从风险波动较大的财务指标来看，净利润增长率、总资产增长率、应收账款周转率 3 个指标风险波动较大。其中应收账款周转率基本在无警（无风险）到轻警（较小风险）的区间波动。而总资产增长率和净利润增长率虽然大多时候是在无警（无风险）的财务状态，但是在一些年份会达到中警（较小风险）状态甚至是重警（较大风险）状态。因此，企业管理者应该关注应收账款周转率、净利润增长率和总资产增长率 3 个财务指标带来的财务风险。

第三节　本章研究结论与展望

一、本章研究结论

在复杂环境的背景下，我国家用电器市场规模在 2020 年开始缩小，企业的运营经营活动往往隐藏着导致发生财务风险的潜在因素。因此，在整个经济环境不景气的情况下，家电企业的管理者更需要防范财务风险的发生。由此，关于企业财务风险预警的研究就显得特别重要。本研究以家用电器上市企业中最大的 M 集团为例，通过熵值法和功效系数法构建家电企业财务风险预警模型，并具体分析 M 集团的财务风险状况。研究结论如下：

首先，就家电行业整体状态来说，复杂环境的影响可能导致家电类上市企业发生财务风险问题。但基于未来中长期的发展来看，在我国产业结构的调整与升级、对绿色制造产业的大力支持等政策支持下，未来家用电器行业也存在新的发展机遇和增长点。

其次，在 M 集团财务现状方面，M 集团具有较强的盈利能力、偿债能力和成长能力，其营运能力的总体表现较差。其中，盈利能力的总体表现最好。偿债能力虽然较强，但是资产负债率高于60%，低于家电行业绩效标准的平均值。营运能力和成长能力虽然依然保持较强的优势，但主要指标中的大多指标都呈现出下降的趋势。

最后，在财务风险预警方面，M 集团的整体财务风险预警值位于轻警（关注风险）等级。总体财务状况良好，但是需要关注部分异常的财务指标，避免风险的进一步恶化。重点关注的指标包括经营现金净流量对负债比率、流动资产周转率、主营业务增长率 3 个重警（较大风险）的指标。次重点关注的指标包括利润增长率、总资产增长率、应收账款周转率 3 个风险波动较大的财务指标。

目前，M 集团财务状况方面主要存在着这些问题：终端消费品销售受复杂环境的负面影响较大；资产负债率长期高于行业平均水平；经营现金净流量对负债比率、流动资产周转率、主营业务增长率等指标的财务风险预警等级较高等。针对这些问题，本章从以下几个方面提出应对财务风险的措施建议：

（1）积极应对复杂环境带来的风险，将风险转化为机遇。

复杂环境的影响范围是整个行业，影响时间较长。受复杂环境的影响，民众线下家电类产品的消费减少，但是线上的有所增加。因此，家用电器企业可以积极应对复杂环境带来的风险，大力发展线上销售，顺应消费者的消费方式变动。此外，可以重点关注绿色家电的研发，响应国家绿色经济和循环经济的同时，也顺应消费者的绿色消费观念的变化；针对不同消费群体的差异化需求，进行品牌、产品、服务等多方面的长期布局。

（2）降低负债比率。

通过分析 M 集团财务数据发现，其负债比率长期高于 60%，并且长期负债比率在 2017 年之后也开始逐渐增加。这表明 M 集团的经营资金大部分为周转资金，每年需要支付的欠款利息较高。并且，衡量偿债能力的经营现金净流量对负债比率始终位于重警（较高风险）位置。因此，为了避免 M 集团财务状况走向资不抵债的情况，降低 M 集团的资产负债比率已经刻不容缓。具体措施建议包括提高资金利用率、避免资金浪费、在进行债务筹资的时候需要更好地结合行业环境来考虑借款的多少，避免因为借债过多而导致的财务危机。

(3) 提高研发投入以形成技术优势。

M 集团需要稳步增加研发投入，形成研发规模优势，特别是在核心技术、前沿技术、基础技术、数字技术、智能技术等领域。在技术引领的基础上形成各品类的创新突破和核心技术壁垒，发展面向用户的产品服务和商业模式。同时，积极引进人才，加强研发体系的全球布局，完善研发组织结构，构建以研发为主导的创新驱动模式，全面打造技术引领能力。

二、本章研究展望

在复杂环境下，世界上连续出现的各类黑天鹅事件使内外部环境都处于动荡的状态，上市公司潜在的财务风险需要引起管理人员的高度重视。展望未来，本章内容还存在一些问题需要进行改进与完善，特别是要提高分析频率。

本章选取的财务风险预警指标都是以年度指标为分析对象，由此得出的财务风险预警结果都是每个年度的风险等级，评价结果缺乏时效性。鉴于财务风险系统已搭建完毕，M 集团可以以月为单位，每个月都对各个指标进行收集汇总，输入系统，每个月对财务风险状况进行评估，根据预警结果找出风险并及时改正。

参考文献

［1］陈静．上市公司财务恶化预测的实证分析［J］．会计研究，1999（04）：32－39．

［2］陈文俊．企业财务风险：识别、评估与处理［J］．财经理论与实践，2005（03）：87－91．

［3］崔笛．熵值法和功效系数法在企业财务风险预警应用研究——以A企业为例［J］．商场现代化，2021（23）：129－131．

［4］蒋永宏，周聪．辽宁高端装备制造业与现代服务业的灰色关联分析［J］．沈阳工业大学学报（社会科学版），2013，6（01）：25－29．

［5］李波．上市公司财务风险控制存在的问题及完善对策［J］．财务与会计，2021（22）：64－65．

［6］李长山．基于Logistic回归法的企业财务风险预警模型构建［J］．统计与决策，2018，34（06）：185－188．

［7］李维安，戴文涛．公司治理、内部控制、风险管理的关系框架——基于战略管理视角［J］．审计与经济研究，2013，28（04）：3－12．

［8］梁杰，车淑娟，张冬冬．F分数模型下辽宁省装备制造业上市公司财务风险测评研究［J］．财会通讯，2011，26（v.30；No.252）：145－147．

［9］刘恩禄，汤谷良．论财务风险管理［J］．北京商学院学报，1989（01）：50－54．

［10］欧阳欣．财务风险预警体系优化研究——以Z药业公司为例［J］．技术与市场，2021，28（11）：176－177．

［11］潘泽清．企业债务违约风险Logistic回归预警模型［J］．上海经济研究，2018（08）：73－83．

［12］企业绩效评价课题研究组，王济民，蔡颖．对功效系数法中标

准值确定方法的研究 [J]. 财务与会计, 2016 (12): 26 -27.

[13] 乔卓, 薛锋, 万军. 上市公司财务困境预测统计模型 [J]. 统计与决策, 2002 (12): 44.

[14] 宋海潮. 基于现金流量的我国制造业上市公司财务预警研究 [J]. 时代金融, 2016 (32): 175 -176.

[15] 孙莹, 王珊珊. 互联网企业财务风险评价指标体系构建 [J]. 中国管理信息化, 2021, 24 (06): 10 -11.

[16] 王超. 基于模糊层次分析法的财务风险评价研究——以 X 医药企业为例 [J]. 会计之友, 2018 (03): 115 -119.

[17] 王克敏, 姬美光. 基于财务与非财务指标的亏损公司财务预警研究——以公司 ST 为例 [J]. 财经研究, 2006 (07): 63 -72.

[18] 王力召, 蒋致远. 基于结构熵权法的 P2P 平台财务风险评价研究 [J]. 系统科学学报, 2020 (02): 95 -99 +128.

[19] 王小燕, 张中艳. 带网络结构的自适应 Lasso 财务风险预警模型 [J]. 数理统计与管理, 2021, 40 (05): 888 -900.

[20] 王影, 冷单. 我国智能制造装备产业的现存问题及发展思路 [J]. 经济纵横, 2015 (01): 72 -76.

[21] 吴星泽. 财务危机预警研究: 存在问题与框架重构 [J]. 会计研究, 2011 (02): 59 -65 +97.

[22] 熊毅, 张友棠. 基于 F 计分值的上市公司财务风险预警研究 [J]. 管理现代化, 2019, 39 (01): 111 -115.

[23] 徐伟, 陈丹萍. 财务风险预警建模原则及几种预警新模型 [J]. 统计与决策, 2016 (08): 150 -153.

[24] 严真红. 我国企业财务风险的成因及其防范 [J]. 江西财经大学学报, 2001 (04): 38 -40.

[25] 杨利红, 陈琦, 邓敏. LD 集团财务风险评价及其预警研究 [J]. 财会月刊, 2017 (35): 72 -79.

[26] 杨昀. 高端装备制造企业风险投资、研发投入与技术创新 [J]. 统计与决策, 2020, 36 (12): 173 -175.

[27] 袁琳, 张伟华. 集团管理控制与财务公司风险管理——基于 10

家企业集团的多案例分析［J］. 会计研究，2015（05）：35－41＋94.

［28］张继德，郑丽娜. 集团企业财务风险管理框架探讨［J］. 会计研究，2012（12）：50－54＋95.

［29］张玲. 财务危机预警分析判别模型［J］. 数量经济技术经济研究，2000（03）：49－51.

［30］张友棠. 财务预警系统管理研究［J］. 财会通讯，2004（01）：63－67.

［31］郑茂. 我国上市公司财务风险预警模型的构建及实证分析［J］. 金融论坛，2003（10）：38－42＋50.

［32］周娟，王丽娟. 基于现金流量指标的财务危机预警模型分析［J］. 财会通讯（学术版），2005（12）：107－109＋119.

［33］周首华，杨济华，王平. 论财务危机的预警分析——F分数模式［J］. 会计研究，1996（08）：8－11.

［34］朱立亚. 高端装备制造业上市公司财务风险预警［J］. 财会学习，2018（29）：65＋67.

［35］Alnoor Bhimani，Mtholi Neube. Investment decision-making of enterprisement［J］. Journal of Accounting and Public Policy，2011（08）：390－408.

［36］Anwar S.，Zheng M.. Government spending on research and development and industrial production in Singapore［J］. International Journal of Asian Management，Springer，2004，3（1）：53－65.

［37］Deng X.，Ong S. E.，Qian M.. Real estate risk，corporate investment and financing choice［J］. The Journal of Real Estate Finance and Economics，2018，57（1）：87－113.

［38］Shiqian S.. Current situation and risks of loans in real estate infrastructure enterprises［J］. Jiangsu Science & Technology Information，2016（30）：71－74.

［39］Trussel J. M.，Patrick P. A.. Assessing and ranking the financial risk of municipal governments［J］. Journal of Applied Accounting Research，2018，22（1）：92－96.